従業員不正の防止と事後対応

ケースでわかる横領・着服の経理処理

[改訂版]

著　公認会計士・税理士　田口安克　｜　公認会計士・税理士　白土英成　｜　社会保険労務士　田島雅子

税務経理協会

改訂にあたって

　本書は，人的資源が限られた中小企業の構成員である従業員の不正に焦点をあて，各ケースにつき「事例」，「不正を事前に防止する」，「不正が起きた場合の事後処理」，「労務上の留意点」の4要素で構成し，基本的には改訂前と同様のものとなっています。

　改訂版では，重複ぎみであったケースを統合し，最近の新たなケースをくわえ，「Ⅰ　営利法人」で49，「Ⅱ　非営利法人」で15，計64ケースで解説しています。

　今回の改訂における最も大きな特徴は，「労務上の留意点」においてワンポイントアドバイスが中心であったところを，より事例に合わせ，不正を行った従業員に対する懲戒規程の内容を就業規則や懲戒解雇処分通知書に反映させた例を示し，労務面においても防止策及び事後処理を充実させたことです。労務面における諸規程を策定整備し，従業員に対して，不正を行うことが自己にとってもいかに不利益になるかを示すことにより，不正のトライアングルの一つである「動機」が芽生えることを抑制できるものと確信しております。

　くわえて，「Ⅲ　参考─不正を起こりにくくする帳簿」において，「不正を事前に防止する」の横断的な解説として，各事例で取り上げた現金出納帳や得意先元帳など代表的な帳簿の活用方法を示しております。

　内容的に，充実したものをという気持ちで，本書の改訂にあたりましたが，まだまだ，十分には示し尽くせないところがあるかと存じます。しかし，従業員の不正により，悲しむ方々が少しでもいなくなればという気持ちは，以前にも増して，強いものを持っております。本書によって，不正という不幸なできごとの抑制に少しでもお役に立ちたいというのが我々3人の強い気持ちです。

　最後に本書の企画から校正まで懇切な配慮をいただきました税務経理協会の吉冨氏に厚く御礼申し上げます。

平成 27 年 6 月吉日

税理士法人メディア・エス　　　　　代表社員　田口　安克
　　　　　　　　　　　　　　　　　代表社員　白土　英成
社会保険労務士法人タジマ事務所　　　社員　　田島　雅子

は　じ　め　に

　会社の不正には，従業員による不正と経営者による不正があります。
　従業員の不正は，会社資産の不正流用や汚職により，その従業員が所属する会社に何らかの損害を与えることをいい，会社構成員である従業員単独あるいは，共謀による複数従業員の不正です。一方で経営者の不正とは，会社ぐるみの不正をいいます。典型例としては，企業実態とは著しく異なる報告を行い，株主や投資家などに損害を与える粉飾決算があります。
　本書では，このような会社ぐるみの不正には言及せず，その構成員である従業員の不正に焦点をあてて解説を行っています。

　約70の事例を取り上げ，各事例につき「不正を事前に防止する」，「不正が起きた場合の事後処理」，「労務上の留意点」について解説をしています。
　事例は，内部けん制制度が比較的整備されているいわゆる大企業ではなく，人的資源が限られた中小企業を想定しました。営業，管理，購買といった機能別に生じやすい不正事例と小売業・サービス業，建設業，医療機関，公益法人といった各業種で発生しやすい不正事例を取り上げています。
　「不正を事前に防止する」は主に内部統制の視点で事前防止策を解説し，「不正が起きた場合の事後処理」は，不正が発生してしまった場合の会計上，税務上の処理を主に説明しました。「労務上の留意点」には，事例のような不正が起こらないような方策，及び不正が起こってしまった場合の対応を，労務の視点からワンポイントアドバイス的に掲載しました。

　不正は，行った本人やその家族，そして，被害者である会社，会社経営者，同僚等，誰も幸せにしません。にもかかわらず，残念ながら，従業員による不正は後を絶ちません。
　不正行為者が最も責めに帰することは，言うまでもありません。しかし，不

正は,「動機」,「機会」,そして「理由づけ」が同時に存在するときに発生するリスクが高まるといわれています。しかし,組織上の管理がずさんであるために,不正な行為をする「機会」を与えている経営者も不正の責めを負うことになります。

　数年前の出来事ですが,知り合いのA氏が経営する会社で若い営業担当者が売上代金を横領した事件がありました。この時A氏は,横領されてしまったことを嘆かずに,「若い人間を犯罪者にしてしまった」と悔いていました。経営者の責任を果たせなかったという意味でA氏が悔いたのだと思います。

　本書によって,読者のみなさんに少しでもお役に立ち,また,不正という不幸な事故を起こさないための仕組み作りのきっかけとなれば,望外の喜びです。

　最後に本書の企画から校正まで懇切な配慮をいただいた税務経理協会の小林氏と吉冨氏に厚く御礼申し上げます。

平成24年12月吉日

税理士法人　メディア・エス　　　　　　代表社員　田口　安克
　　　　　　　　　　　　　　　　　　　代表社員　白土　英成
社会保険労務士法人タジマ事務所　　　　社員　　　田島　雅子

目次
CONTENTS

改訂にあたって
はじめに
序　賠償請求を行った場合の処理 ……………………………………… 1

Ⅰ　営利法人

Chapter 1　営業部門に関する不正事例 …………… 11

Case 01　得意先から回収した売掛金を入金せずに私的に流用した
　　　　 ………………………………………………………………… 11
Case 02　得意先から回収した売掛金を着服し，穴埋めに他の得意
　　　　 先の回収代金を充当した ……………………………………… 16
Case 03　ハイヤー会社に実際の配車に関係なく水増し請求させ，
　　　　 その一部をバックさせた ……………………………………… 22
Case 04　得意先に水増し請求をし，正規の請求金額のみを会社に
　　　　 入金した ……………………………………………………… 26
Case 05　私的な交通費を会社経費として精算した ………………… 29
Case 06　馴染みの店から白紙領収書をもらって架空の経費精算を
　　　　 行った ………………………………………………………… 32
Case 07　会社保管の乗車券を換金し，着服した ………………… 35
Case 08　私的利用のための物品を会社で購入し，窃取した ……… 39
Case 09　無断で商品を仕入れて売り上げ，記録せずにその儲け分
　　　　 を着服した …………………………………………………… 42
Case 10　出張用の正規価格の航空券と格安航空券との差額を着服
　　　　 した …………………………………………………………… 44

Case 11	販売先に対し値引きを行い，その一部をキックバックさせた……………………………………………………… 47
Case 12	得意先にクレームをつけさせて会社に示談金等を払わせ，その一部をバックさせた………………………………… 50
Case 13	現金取引の売上を会社に入金せず記帳もしないで着服した……………………………………………………… 55
Case 14	得意先へ支払サイトの短縮を依頼し，正式な支払期日が来るまでの間流用した……………………………… 58
Case 15	営業部長が会社名義のクレジットカードを私的に流用していた……………………………………………………… 61

Chapter 2　管理部門に関する不正事例 …………………… 65

Case 16	現金払いのアルバイト給与を多く申告して差額を着服した……………………………………………………… 65
Case 17	市販の領収書を購入して架空の経費精算を行った……… 69
Case 18	現金取扱担当者が，実際より多い金額で仮払金を処理して差額を着服した……………………………………… 72
Case 19	給与事務の担当者が自己の給与データを改ざんし，過大な給与を受け取った…………………………………… 75
Case 20	架空のアルバイトやパートを登録し，その給与分を横領した……………………………………………………… 80
Case 21	架空の支払伝票を作成し，交通費等の精算を行った……… 84
Case 22	金銭出納帳を修正し，取引先へ実際に支払う金額と修正額との差額を横領した…………………………………… 88
Case 23	銀行に現金を持ち込んで入金するように見せかけ，元帳上も入金処理をするが，実際には現金を着服した………… 92
Case 24	会社で経費処理されない社員会費，組合費等を不正流用した……………………………………………………… 95
Case 25	架空取引先口座を開き，資金を流用した……………… 98

Case 26　経理責任者と現金出納係が共謀し，偽りの金銭出納帳を作成して現金を横領した……………………………………… 102

Case 27　経理担当者が遊休口座を利用し，預金を引き出して着服していた……………………………………………………… 106

Chapter 3　購買部門に関する不正事例………………… 110

Case 28　会社資材の端材を業者に売却し，その代金を私的に流用した……………………………………………………………… 110

Case 29　少額資産が資産計上されないことを悪用し，私的な物品を購入した……………………………………………………… 114

Case 30　受払管理されていない在庫を売却し，私的に流用した… 118

Case 31　仕入先からのリベートを会社に報告せずに着服した…… 121

Case 32　倉庫管理担当者が商品を窃取した……………………… 124

Case 33　退社した後，倉庫に忍び込み，無人になってから商品を運び出して横領した…………………………………………… 128

Case 34　担当者が仕入先からプレミアム商品等を個人的に購入し，直接，ネットオークションにて販売した………………… 130

Case 35　ポイントカードが付く小売店で備品等を購入し，ポイント分を個人のものとした………………………………… 133

Chapter 4　その他…………………………………………… 136

Case 36　乗っていないタクシーの領収書を集め，精算処理して現金を着服した…………………………………………………… 136

Case 37　参加していない講習会・講演会などに参加したことにし，現金を着服した…………………………………………… 139

Case 38　クレーム・トラブル処理費用など，通常費用以外の費目を架空計上し着服した…………………………………… 141

Case 39　運転手と営業担当者とで共謀して自社製品を窃取した… 144

Case 40 　倉庫担当者と営業担当者が共謀して商品の横流しを行い，棚卸しでは実棚在庫を偽って報告した ･････････････････････ 148
Case 41 　祝儀袋を書き換え，会社が用意した金額よりも少額を渡し，差額を着服した ･････････････････････････････････ 150
Case 42 　店舗従業員がレジ現金を横領した ･･･････････････････････ 152
Case 43 　飲食業の店舗従業員が閉店前にレジを締め，閉店までの売上を着服した ･･･････････････････････････････････ 156
Case 44 　店員と客が共謀し，購入した数以上の商品を渡して後でバックさせた ･･･････････････････････････････････････ 159
Case 45 　小売業，飲食業での事前防止策の留意点は何か ･････････ 162
Case 46 　建築下請業者に工事費を水増し請求させ，その一部をバックさせた ･･･････････････････････････････････････ 165
Case 47 　工事・設備等の請負業者に対し下請業者を指名し，その下請業者から個人的にリベートを受け取った ･･････････････ 169
Case 48 　工事用資材の発注手続において，発注内容とは異なる物品を納入させ，物品を横領した ･･････････････････････ 172
Case 49 　従業員が顧客データを不正にコピーし，業者に売却した ･･ 175

Ⅱ　非営利法人

Chapter 1　医療機関 ･･･････････････････････････････････ 181

Case 50 　診療所窓口の売上金を，日計表を改ざんして横領した ･･･ 181
Case 51 　現金過不足が発生したように処理し，現金を横領した ･･･ 184
Case 52 　レジの釣り銭の補充又は両替用に金庫に保管してあった現金を着服した ･････････････････････････････････ 186
Case 53 　クリニックに必要な物を購入するための小口現金で，私

Case 54	医療機器の購入担当者が、バックマージンを受け取ってメーカーを選定した	191
Case 55	棚卸資産の薬品を従業員が勝手に持ち帰って使用した	193
Case 56	患者からもらった謝礼の金品を報告しないで個人で受領した	195
Case 57	学会の参加証に基づき経費精算をしたが、実際には参加していない	197

Chapter 2 公益法人 …… 199

Case 58	委員会の出席の事実がないのに、交通費を受領した	199
Case 59	非常勤の委員が、公益法人の出張に合わせて本業の出張も行い、交通費を受領した	201
Case 60	法人税が非課税となっている「収益事業以外の事業」で、担当者が経費の水増し請求を行った	203
Case 61	会報の発行業者に水増しの請求をさせ、担当者が差額を受け取った	205
Case 62	協会が発行した書籍を担当者が私的に持ち出し、見本品として処理した	208
Case 63	特定の活動を一任された委員が、私用の経費も活動費として精算した	210
Case 64	現金管理が行き届いていない法人で、従業員が現金を着服した	212

冒頭の「的な物を購入した…… 188」は前ページからの続きです。

III 参考—不正を起こりにくくする帳簿

1 現金出納帳 …… 216
2 得意先元帳 …… 218

3 仕入先元帳 …………………………………………………… 220
4 固定資産台帳 ………………………………………………… 222

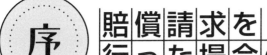

序 賠償請求を行った場合の処理　INTRODUCTION

❶ 従業員による不正

　中小企業にとって，人は命です。大企業のようにスペアを置く余裕はありません。最低限の人数でいくつもの業務をこなさなければいけません。同時に経営者は，社員に対して自然と家族的な気持ちを持つようになってきます。したがって，従業員の不正は，大変不幸な出来事であり，その後の処理については，経営者を最も悩ますことでしょう。できれば，その社員にきちんと返済させることによって責任を取らせ，再スタートを切らせてやりたいと考えます。

　しかし，悪質な横領の場合は，あくまでも犯罪であり，他の社員への影響も大きいため，厳罰に処する必要が出てきます。

　そこで，まずは，賠償請求を行った場合を想定してその税務処理について説明することにします。

❷ 従業員不正と税務処理

　従業員による不正は，長年にわたり行われることが通常です。このため，不正行為が事業年度をまたいで行われていた場合，不正が発覚した事業年度以前の税務申告について修正申告を検討することになります。

（1）法人税に関する処理

　法人税では，例えば，従業員による経費の過大計上が行われていた場合，各事業年度においては過大部分も含めて損金計上されていますが，その金額のうち過大部分相当額は，法人が被った損害としてその損害が生じた事業年度の損金を構成することになり，他方，その従業員に対して法人が被った損害に相当する金額の損害賠償請求権を取得するため，同じ事業年度において益金を構成することになります（最高裁 S43.10.17 判決）。つまり，当初損金計上されていた

過大部分を含む経費のうち正当な経費相当額は当然に損金に算入されますが，過大部分については，従業員からの損害による損金と従業員に対する不当利得の返還請求権による益金で相殺されるため，結局その事業年度において過大計上された部分の経費相当額について修正申告を行うことになります。

(2) 消費税に関する処理

同様に，消費税では，経費の過大計上が行われた各事業年度において，過大部分も含めた仕入税額控除の申告を行っています。正当な経費相当額に係る消費税額は当然に仕入控除税額を構成しますが，過大部分である従業員からの損害は対価性のないものとして仕入税額控除の対象とはならないため（消法2①八），その過大部分の仕入控除税額相当額について修正申告が必要となります。なお，法人税において計上された損害に対する損害賠償請求権たる益金部分についても対価性はなく資産の譲渡等の対象とはなりません（消基通5-2-5ほか）。

(3) 附帯税・重加算税

また，このような従業員により行われた不正によって修正申告などを行った場合には附帯税が賦課されることになります（国税通則法60ほか）。まず，従業員の不正行為を自ら発見し，自発的に修正申告を提出した場合，延滞税のみが賦課されることになります。ただ，不正行為は税務調査などで発覚することが多く，税務調査による更正や修正申告の勧奨による申告の場合には延滞税に加え過少申告加算税が賦課されることになります。さらに，不正行為は従業員に限らず法人の代表者（その他代表者と同視できる者なども含まれます）が行うケースも考えられます。代表者などが不正を行うような場合には，上記の過少申告加算税に替えてより賦課税率が高い重加算税が賦課されることも考えられます。

このように，従業員の不正行為は，その従業員に対する社内での罰則だけにはとどまらず，法人としての税務申告にも影響し，さらに法人はその申告に対するペナルティを負うことにもなります。

3 不正が発覚した場合の対応

(1) まずは社内調査を行う

本書の事例では，比較的，簡単に従業員不正の内容やその不正額，財務諸表に与える影響を記述していますが，実際には，不正の全容や被害額を把握することはとても困難です。

通常，多くの利害関係者が存在する上場企業では，企業不正や従業員不正のような過去の不適切な会計処理のおそれが発覚した場合，会社は直ちに管理担当役員が責任者となり，社内調査を行います。社内調査においては，概ね次のような項目が調査，検討されます。

①不正行為の内容及び事実確認（関与者の特定，損失額の確認，会計処理も含む）
②不正行為発生の原因・背景分析
③不正行為の類似行為の確認（調査は網羅的か）
④不正行為による損害の回復方法
⑤不正行為による会計処理の影響額の確認
⑥不正行為に対する責任の所在及び関係者の処分
⑦不正行為に対する再発防止策（内部統制上の問題点の把握，業務運営上の改善策）

調査の精度や信憑性を高めるため，顧問契約等の利害関係を有する顧問弁護士，公認会計士，税理士や社外取締役，社外監査役，外部専門家の参加も依頼し，内部調査委員会という形式で，社内調査を行うケースも多く見受けられます。ただし，内部調査委員会による社内調査はあくまでも経営者自身による経営者のためのものであり，調査内容の客観性を担保するものではありません。

(2) 第三者委員会ガイドライン

平成22年7月15日，調査内容と調査報告書の客観性を強く求める社会的要請にこたえるため，日本弁護士連合会から「企業等不祥事における第三者委員会ガイドライン」が公表され，このガイドラインに従って第三者委員会を設置する事案も増えてきています。第三者委員会は会社のすべての利害関係者のために調査を行い，その結果を公表し，最終的に企業の信頼と持続可能性を回復

することをも目的としています。

　上場企業における調査委員会の設置には，①社内調査と内部調査委員会を設置する類型，②社内調査と第三者委員会を設置する類型，③社内調査，内部調査委員会，第三者委員会を設置する類型があります。

（3）中小企業における対応

　上場企業よりも人的・資金的制約がある中小企業では，通常内部調査委員会や第三者委員会等の委員会の設置はしません。上場企業で不正行為が発覚した場合に行う社内調査項目のうち，不正行為の内容及び事実確認，原因・背景分析，類似行為の確認，再発防止策等を経理担当者が顧問税理士等と連携して調査することが多いようです。不正行為に関連する会計データ，領収書や請求書など証憑の吟味，不正行為容疑者及びその上司や取引先に対する質問等により損失額の確定・損害額の回復の方法の検討を行い，原因を分析して再発防止策を構築するとともに容疑者及び関係者の処分を行うといった対応がなされます。

　具体的な対応方法としては，以下のような方法が考えられます。

①　示談により回収する

　基本的には，本人と話し合い，本人に返済計画を立てさせ，順次回収していくことになると考えます。つまり，示談を進めて回収します。その際には，物的担保なり，人的担保により，債権保全を行う検討が必要でしょう。

　しかし，その社員の会社に対する特殊事情や横領の背景，風評対策として，一部，弁済を受けないことも考えられます。その場合にはその社員に対する給与として取り扱われます（所基通36-15(5)）。

　さらにその社員の支払能力から，回収できないことが明らかとなった場合には，その金額は貸倒計上する（法基通9-7-17）こととなります。

②　身元保証人

　入社時には，形式的ではあっても本人のご両親や親戚等に身元保証を入れさせるのが一般的です。横領が行われた金額を仮に本人から回収できないことがはっきりした場合には身元保証人に請求することになります。ただし，身元保証人の保証期間は長くて5年であり，期間の定めがない場合には3年

となるなど，様々な要件があることに留意すべきです。
③ 退職金との相殺
　不祥事を起こした社員には退職金は減額ないしは支払われないことが一般的です。しかし，過去の会社への貢献などから，ゼロではなく，減額されても退職金が支給されるのであれば，その債権と退職金を相殺させて，回収する検討をすべきでしょう。

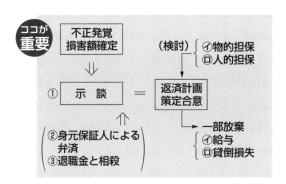

4　物的担保を引き取った場合の金額
　債権の回収として，代物弁済又は抵当権を設定した土地建物を引き上げた場合には，その土地・建物の時価をもって債権の回収額ならびに土地・建物の取得価額とします。実務的にはあまり考えられませんが，仮にその土地・建物の時価のほうが債権額より高い場合には，税務上は益金に計上する必要があるでしょう。しかし，仮にそのようなケースが出てきた場合には，債務者のもとで担保物件を会社の了解のもとに処分させ，その代金の中から返済させることになるでしょう。

5　労務上の対応
　不正を行った従業員に対しては，懲戒処分を行う，という流れになると思われます。懲戒処分は，企業秩序を守るためには必要な行為と考えられていますが，会社は当然に懲戒処分を行う権利を有しているわけではなく，行った処分

が有効とされるには，一般的には次の条件が必要とされています。
（1）懲戒の種類と事由が就業規則に定められており周知されていること
　就業規則に定めがあっても，そのような規定が設けられる前の不正に対しては，遡及して適用できません。

　また，10人以下の事業所のため就業規則の作成義務のない事業所で，実際に就業規則を作成していない会社は，個別の労働契約書等で，懲戒規定に該当する部分が明記されていることが必要とされています。ただし，懲戒処分を行う可能性が高いと予測される場合は，法律上義務がない場合も就業規則は作成しましょう。

（2）同じ規定に同じ程度違反した場合には，誰でも同程度の処分を行っていること
　従来黙認してきた種類の行為に対して行う処分は，処分を行う前に十分な警告が必要です。

（3）同一の事由に対し2回懲戒処分を行っていないこと
　懲戒処分であっても，憲法第39条に定める一事不再理（同一事件については一度しか処分されない）が一般的に適用されます。したがって1つの懲戒行為を理由とする処分は一度しかできません。

（4）懲戒処分は，不正の種類・程度，その他の事情に照らして相当なものであること
　不正を行った従業員の諸般の事情を考慮し，客観的に見て重すぎる処分ではないかの検討も必要です（懲戒解雇を行う場合は要注意）。

（5）就業規則に定められた手続で行っていること
　懲戒委員会等の審議を経るという定めがある場合に，その手続が守られていないと懲戒権の濫用として無効になってしまいます。手続の定めがない場合でも，本人の弁明の機会を与えることは必要でしょう。

6　従業員不正と会計処理（過年度遡及会計基準と前期損益修正）
　平成23年4月1日以後の開始事業年度から「会計上の変更及び誤謬に関す

る会計基準」(過年度遡及会計基準)が採用されました。これは,国際会計基準と日本の会計基準とを共通化する流れの一環で採用されたものです。会計監査が義務づけられている上場企業などは,過去の財務諸表に関連して,従業員不正を含む不適切な会計処理が発覚した場合には,この会計基準に則り,原則として,当期の損益ではなく,期首利益剰余金を変動させなければならなくなりました(これを,修正再表示といいます)。以前のように,不適切な会計処理の影響を前期損益修正として当期の特別損益で処理する方法は採用できなくなったのです。ただし,当期利益に与える影響がとても小さいといったように重要性が乏しい場合には,当期の営業損益又は営業外損益として会計処理することも認められています。

　従業員の不正は,単年度で終わることなく,数年間にわたるケースがほとんどです。上場企業等は,過年度遡及会計基準の適用を考慮し,従業員の不正に係る会計処理を行わなければならないのです。

　一方,会計監査を強制されない中小企業等は,過年度遡及会計基準の採用は強制ではありません。中小企業が採用することを前提に平成24年2月1日に「中小企業の会計に関する検討会」より公表された「中小企業の会計に関する基本要領」(平成24年2月1日　中小会計要領)では,前期損益修正益の例示が示され,かつ,国際会計基準の影響を受けない旨の記載がなされています。中小企業等では,過去に基因する従業員不正を含む不適切な会計処理が発覚した場合にも前期損益修正の使用が可能であり,本書は,中小企業を対象としていますので,修正再表示の会計処理は示しません。

I

営利法人

営業部門に関する不正事例
Marketing And Sales Department

得意先から回収した売掛金を入金せずに私的に流用した

　甲社は，健康食品を扱っているが，最近，α商品がヒットし，全体的に売上高が大きく伸びていた。甲社の営業マンであるAも他の営業マンと同様に売上を伸ばしていたが，回収面については売上増に隠されて，社内でも問題とされていなかった。

　Aは，もともと派手好きで冗費が多かったが，売上増と相乗して，さらに遊興費が膨らみ，ついには売掛金の回収金を遊興費に充てるようになってしまった。

　今回，税務調査の過程で反面調査が行われ，その結果，売掛金残高について得意先が認識している残高との間に差異があったことから，疑問が生じ，本人に問いただしたところ，事実が判明した。約250万円程度の使い込みであった。

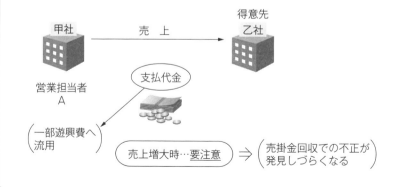

不正を事前に防止する

　平成に入り，低成長時代が続いています。その状況下で甲社のように売上が伸びていることは大変喜ばしいことです。しかし，売上が増え，売掛金が増加するときほど，売掛金の回収に係る不正を計数上から発見することは困難になります。

　そこで次の3つが有効な手段と考えられます。

❶　売掛金残高確認書により，残高確認を行うこと

　売掛金の相手先は，代金を支払う立場ですので，いつ支払を行ったか，また，残高金額についても正確に答えてくれるでしょう。中間期末時や決算期末時に残高確認を定期的に行うことは大変有効であり，また，営業担当をはじめ，関連社員へのけん制にもなります。

❷　売掛金の回収は銀行振込みで

　売掛金が着服されたケースの多くは，現金回収を行っています。たとえ少額であっても銀行振込みを徹底することが肝心です。

❸　連番で領収書管理

　現金や小切手で担当者が回収する場合には，必ず領収書を発行します。領収書については市販のものではなく，自社独自の領収書を作成し，必ず連番を打つようにします。また，書き損じの領収書は必ず戻し，勝手に廃棄をさせないようにします。これら領収書管理により，本事例のような単純な回収金着服は，かなりの程度で防ぐことができます。

不正が起きた場合の事後処理

　ここでは，Aの横領による損失に対して，損害賠償請求を行った場合を想定

してその税務処理について解説します。

まず、横領による損失金の計上は、その損害の発生した時点で損金の額に算入されることになります（法法22③三）。一方、損害賠償金の収入計上時期については、その支払を受けるべきことが確定した日の属する事業年度又は実際に支払を受けた日の属する事業年度において益金の額に算入されます（法基通2-1-43）。したがって、損失金の計上時期とは切り離して計上することを容認しています。

その趣旨は、一般に損害賠償請求は解決まで時間のかかることが多く、また、損害賠償金が仮に確定したとしても実際にすべて回収できるかは大きな困難を伴うという現実に配慮したものです。また、判断の恣意性による租税回避行為を排除するためにこの通達が設けられました。

法人税基本通達

（損害賠償金等の帰属の時期）

2-1-43　他の者から支払を受ける損害賠償金（債務の履行遅滞による損害金を含む。以下2-1-43において同じ。）の額は、その支払を受けるべきことが確定した日の属する事業年度の益金の額に算入するのであるが、法人がその損害賠償金の額について実際に支払を受けた日の属する事業年度の益金の額に算入している場合には、これを認める。

（注）　当該損害賠償金の請求の起因となった損害に係る損失の額は、保険金又は共済金により補填される部分の金額を除き、その損害の発生した日の属する事業年度の損金の額に算入することができる。

ここで注意しなければならないのは、「他の者から支払を受ける損害賠償金」です。「他の者」とは、会社と雇用関係のない第三者を前提としており、従業員は含まれない取扱いとなっています。従業員が犯した横領による損失金については、個々の事案の実態に基づいて処理されることになります。

事例の場合、横領による損失が発生した時点で同時に民事上の損害賠償請求

権が生じますので損失金の損金算入と同時に損害賠償金収入を益金に計上することになります。

| (横 領 損 失) | 2,500,000 | (売 掛 金) | 2,500,000 |
| (未 収 入 金) | 2,500,000 | (損害賠償金収入) | 2,500,000 |

労務上の留意点―懲戒規定のポイント

　従業員に対して懲戒処分をするには，あらかじめ就業規則において「このような行為をした場合にはこのような処分」といったように懲戒の種類及び事由を定めておくことが必要です。

　また，懲戒事由を明確に定めておくことが，不正の防止と懲戒権行使の有効性の判断にあたり規定の合理性を裏づけます。このケースのように，金銭を取り扱う機会が多い部門には，考えられる不正行為に対応した内容にしておく必要があります。特に懲戒処分の中で最も重い処分と位置づけられる懲戒解雇及びこれに準ずる諭旨解雇の事由と，他の懲戒処分に該当する事由とは明確に分けて定めるようにしておくことがポイントです。

❶　懲戒規定の内容を確認

　250万円の使い込みをした従業員の処分を「懲戒解雇」とする場合，就業規則の懲戒解雇の条文に該当するものがあるかどうかを確認してみます。例えば，以下のような条文だったらどこに該当するでしょうか。

第〇条　次の各号の一に該当する場合は懲戒解雇に処す。
① 正当な理由なく，引き続き無断欠勤10日以上に及ぶ者。
② 会社の設備，器具等を毀損または故意に作業を阻害した者。
③ 不法に辞職を強要し，または暴行，脅迫を加え，その業務遂行を妨げた者。
④ 職務上の命令，指示に不当に反抗し，職場の規律，秩序を乱す行為のあった者。
⑤ 故意に業務の運営を阻害し，また阻害しようとした者。

⑥ しばしば懲戒または訓戒を受けても，なお改しゅんの情がないと認められる者。
⑦ 経歴，その他を偽って雇用された者。
⑧ 会社の承認を得ないで在籍のまま他に雇用された者。
⑨ みだりに流言，ひ語をなし，会社の秩序を乱した者。
⑩ 会社の機密を漏洩し，または漏洩しようとしたことの明らかな者。
⑪ 窃盗，詐欺，暴行，脅迫その他これに準ずる破廉恥な行為のあった者。
⑫ 職務に関し，不当に金品その他を授与した者。
⑬ 禁固以上の刑に処せられた者。
⑭ 前各号に準ずる行為があった者。

　ピタッと当てはまる条文がないように見受けられます。不正が起きてしまった後の処分もそうですが，やってはいけないことを就業規則に明記し，それを従業員に周知することで，不正の抑止力になると言えます。

2 就業規則の修正例

　1の条文を修正する場合は以下の方法が考えられます。
（1） 条文に具体的に記載する

（例）「会社の金品を盗取し，横領し，または背任等の不正な行為をした者。」

（2） 服務規律やその他の規程にそのような内容があるのであれば，懲戒規定とリンクさせる

（例）「就業規則　第○条　服務規律，または○○規程　第○条　遵守事項に関する事項に違反したとき。」

Chapter 1 営業部門に関する不正事例

Case 02 得意先から回収した売掛金を着服し，穴埋めに他の得意先の回収代金を充当した

甲社は，顧問会計事務所の勧めで滞留売掛金を調査していたところ，販売から回収まで一人で業務を行っていた営業担当者Aの担当先の売掛金滞留件数が際立って多いことに気づいた。そこでAに対して個別に聞き取りを行った結果，次の事実が判明した。Aは，数年前より，商品先物取引に熱中するようになり，たびたび損を出し，これを借金でカバーしていた。そこで借金を返済するために得意先から受け取った売掛金を会社の口座に入金せずに，一時的に自らの預金口座に入金し損の補てんなどを行っていたのである。

着服の隠ぺい方法としてはラッピングという手法をとっていた。着服した後，営業担当者Aは，得意先乙社の売掛金回収代金の一部を得意先丙社からの売掛金の回収代金に充当するといったようなことを繰り返し行っていたのである。Aによる着服の総額は500万円に達していた。

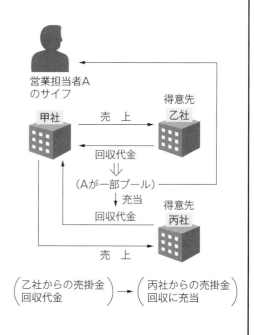

不正を事前に防止する

　得意先からの売掛金入金を着服するという不正は，経理担当者のみではなく営業担当者も行ってしまう可能性があります。こうした不正行為を防止するためには，領収書と滞留売掛金の管理を徹底させることが重要です。領収書については，連番で管理し，すべての入金金額と領収書を紐付きで管理できるようにします。また，回収期限になっても未回収の売掛金があれば，それを毎月末など定期的にその原因を分析し，顧客に確認，督促を行う体制を整えておけば，従業員による着服を防ぐことができます。

　具体的な予防策として以下のような策が考えられます。

（1）　売掛金元帳をチェック

　まず，売掛金元帳のチェックを適時適切に行うことが大原則となります。

（2）　売掛金年齢表の作成

　売掛金年齢表を作成し時系列的に売掛金の回収状況を把握し，長期滞留売掛金をチェックします。そこで明らかになった売掛金の滞留理由と回収計画を上司又は責任者に報告します。

売掛金年齢表の例

売上先	与信限度額	売掛合計	当月売上	1カ月以上 3カ月内	3カ月超 6カ月内	6カ月超 1年内	1年超
a	150	100	100				
b	100	70		70			
c	100	80	80				
d	20	10	10				
e	50	30	10		20		
f	100	60					60

　売掛金年齢表とは，売掛金の滞留状況が把握できる表です。この売掛金年齢表により，顧客bからの回収金を顧客aからの入金として処理した場合，顧客bの売掛金に不自然な残高が生じていることに気づくことになります。

　また，売掛金年齢表は不良債権の発生の兆候も把握でき，資金繰りの観点や

財務体質の悪化を防ぐためにも有効とされます。

（3） 顧客への残高確認

事務的に煩雑ですが，顧客への売掛金残高確認を定期的に行うのは特に有効です。中間期及び期末時に残高確認を行うべきでしょう。

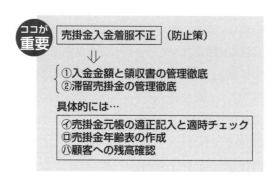

不正が起きた場合の事後処理

損失金の計上はCase01と同じで，損害賠償請求を想定した場合には次のようになります。

| （横　領　損　失） | 5,000,000 | （売　　掛　　金） | 5,000,000 |
| （未　収　入　金） | 5,000,000 | （損害賠償金収入） | 5,000,000 |

次にその後の処理です。「序」で記しましたが，まず，示談により，本人との話し合いに基づいて，返済計画を立て，順次回収していきます。同時に必要に応じて物的担保や人的担保により，債権保全の検討を行います。

しかし，その社員の会社に対する特殊事情や横領の背景，風評対策により，一部，弁済を受けないことがあります。その場合には当該社員に対する給与として取り扱われます（所基通36-15 (5)）。

さらに当該社員の支払能力から，回収できないことが明らかとなった場合に

は，その金額を貸倒計上する（法基通 9-7-17）ことになります。

　税務では，貸倒損失の計上を厳格に取り扱っています。税務調査の際には，担当官は必ず，確認手続を行います。そのため，事実上の貸倒を客観的に立証する資料を揃えておくべきです。

法人税基本通達
（回収不能の金銭債権の貸し倒れ）
9-6-2　法人の有する金銭債権につき，その債務者の資産状況，支払能力等からみてその全額が回収できないことが明らかになった場合には，その明らかになった事業年度において貸倒れとして損金経理することができる。この場合において，当該金銭債権について担保物があるときは，その担保物を処分した後でなければ貸倒れとして損金経理をすることはできないものとする。
　（注）　保証債務は，現実にこれを履行した後でなければ貸倒れの対象にすることはできないことに留意する。

　実務的には，本人の資産状況や支払能力等を調査し確認した報告書や稟議書，取締役会議事録等ならびに債務者に対して債権放棄をした旨の書面の写しを揃えることが最低限必要となると考えられます。
　以下仕訳を記してみるとこのようになります。

STEP 1　返済計画に基づき，今回 10 万円回収しました。
　（現　金　預　金）　　100,000　　　　（未　収　入　金）　　100,000

STEP 2　弁済金額のうち，300 万円については，Ａ の今までの勤続実績を勘案して弁済を免除することとしました。
　（給　料　・　賞　与）　3,000,000　　　（未　収　入　金）　3,000,000

STEP 3　本人の財産状態や実情から，200 万円は回収不能と考え，同額を貸

倒損失として損金経理しました。

(貸 倒 損 失)　2,000,000　　　(未 収 入 金)　2,000,000

労務上の留意点―解雇予告除外認定の手続

使用者は，労働者を解雇しようとする場合には少なくとも30日前にその予告をするか，30日分以上の平均賃金（解雇予告手当）を支払わなければなりません。ただし，労働者の責に帰すべき事由に基づいて解雇する場合にはこの手続は除外されます。その事由については，管轄労働基準監督署長の認定を受けなければなりません。

【解雇予告除外認定申請書の書式】

管轄労働基準監督署長の解雇予告除外認定を受ける場合には，通常，解雇を行う前に，申請をし，認定を得ることが必要となります。具体的には「解雇予告除外認定申請書」に，その事由を示す証拠書類（労働者名簿，出勤簿，賃金台帳，就業規則，経過書等）を添付し提出します。管轄労働基準監督署では，その資料を検討し，対象となる従業員にも聞き取りを行った上で，認定をするかどうか

判断します。そのため，結果がわかるまで非常に時間がかかる場合が多いのが実情です。解雇が明らかであり，ただちに処分を行う必要がある場合は，通常通り解雇の予告を行ったほうがよいケースもあると言えます。

ハイヤー会社に実際の配車に関係なく水増し請求させ,その一部をバックさせた

　甲社の営業課長であったAは,顔なじみである乙社の配車担当者Bと結託し,実際にはハイヤーを配車しなかった分(2万5,000円)を水増しして甲社に請求させ,水増し分のうち1万円を自分にキックバックするように要求し,着服していたことが判明した。

　この事実は,営業課長Aが担当を交代した後,営業部員の匿名投書による内部告発により発覚したものであり,キックバックを数年間にわたり繰り返し行っていたことにより,水増し分は合計で推定128万円に及ぶことが判明した。

 不正を事前に防止する

　この事例のように,取引業者との馴れ合いから不正へと発展するケースはよく見受けられます。長期間にわたり委託業務の発注や選定の権限を特定の人に持たせていたことが大きな原因のひとつです。一定期間でのジョブローテーションなど,担当者が特定の業者と癒着しないように組織で不正を防ぐ体制作りが肝心です。

❶　定期的な担当者の交代(ジョブローテーション)

　担当者が特定の業者と癒着しないように,一定期間を経過した後に担当者を交代するとよいでしょう。また,長期の休暇を取らせるのもひとつの方法です。その間に他の人が担当することで,取引内容におかしな点がないかチェックできるからです。

2　委託先決定方法の検討

　業務委託を行う場合に，業者を選定するために相見積りを取る方法があります。これは金額を抑えるだけではなく，本事例のような業者との癒着による不正を防止することにもなります。
　一定金額以上の業務委託を行う場合には，相見積りを取るという社内規定を設けることで，不正へのけん制となるでしょう。
　また，何年も同じ業者への発注を続けることは不正へとつながりやすいので，一定期間で再度取引業者の見直し検討を行うことも重要となります。

3　承認体制の確立

　配車の申請にあたり，発注する立場にある配車担当者の申請は，上司や第三者（経理担当者）の承認を受けるようにします。

ココが重要　従業員→上司や第三者（経理担当者）の承認

　経理等の担当者は，業者と直接の接点がないという観点から不正防止に重要な役割を果たします。

不正が起きた場合の事後処理

1　従業員の着服に対する留意点

　事例の場合，着服による損失が発生した時点で同時に民事上の損害賠償請求権が生じますので損失金の損金算入と同時に損害賠償金収入を益金に計上することになります。

| （横　領　損　失） | 1,280,000 | （交　通　費） | 1,280,000 (注) |
| （未　収　入　金） | 1,280,000 | （損害賠償金収入） | 1,280,000 |

（注）消費税は税込経理を前提としています。

2 その後の処理

次にその後の処理です。基本的には,返済期日を設け,期日までに回収することになると考えます。しかし,その社員の会社に対する特殊事情や横領の背景,風評対策として,弁済を受けないことも考えられます。その場合にはその社員に対する給与として取り扱われます。

 労務上の留意点—従業員の横領問題

従業員が不正に金品を取得していたケースでは,受領した金品の金額,回数,期間等を調査し,その上で当該従業員の社内における地位,金品受領と業務との関連性などを勘案して,処分内容を決定することになります。業務に関連した不正な金品の取得行為が,当該金品受領が会社業務に影響を与えておらず,回数・金額も少なく,行為期間も短いといった事案を除き,会社に対する背信性の高い行為として,懲戒解雇ないし普通解雇に該当すると考えてよいでしょう。

このケースの場合における懲戒解雇処分通知書の記載例は以下の通りです。

Case03 ハイヤー会社に実際の配車に関係なく水増し請求させ，その一部をバックさせた

【懲戒解雇処分通知書】

平成○○年○月○日

A　殿

甲株式会社

代表取締役　甲野　太郎

貴殿に対し，次のとおり処分することを通知する。

1　処分内容

　就業規則第○条第○号により，平成○○年○月○日をもって懲戒解雇処分とする。

2　処分理由

　貴殿は，平成○○年○月○日，乙社の営業部配車課Bと結託し，実際にハイヤーを配車しなかった分25,000円を水増しして当社に請求させ，うち1万円をBから貴殿に支払わせ，それを着服した。・・・・・・

　調査の結果，この行為は過去○年間，○○件に及び，当社に総額128万円○千円の損害を負わせた。

　よって，貴殿の行った行為は，就業規則第○条第○号に該当し，就業規則第○条により貴殿を懲戒解雇する。

以　上

- 処分内容は，就業規則のどの条文に該当するか記載
- 処分理由については，そうなったことのいきさつや，内容，理由も明記

Case 04 得意先に水増し請求をし,正規の請求金額のみを会社に入金した

　甲社は,中堅家庭用食料品の製造販売会社である。キャラクター商品が多く,商品のライフサイクルが大変短くなっていたが,従来より,売上の多い得意先には,支払リベートを使って,販促していた。

　新商品については拡販目的で,旧商品には売上維持のために割増リベートを支払っていた。支払金額はケースバイケースで対応しており,決済は営業部長の判断に任せていた。支払基準には統一性がなく,チェックも万全ではなかった。また,支払は原則,小切手であり,金額が10万円以下のものについては,現金での支払を認めていた。

　営業部門のAと得意先乙社の仕入部門在籍のC子は取引を行ううちに親密な関係となり,共謀して,リベートを水増し請求させる手口で,不正着服を行った。

　甲社の営業部長は当初,乙社の請求書を鵜呑みにしていたが,ある日,乙社との商談に立ち会った際に疑問が生じ,乙社の経理部門に問い合わせを行ったところ,水増し請求していた事実が発覚した(合計90万円)。

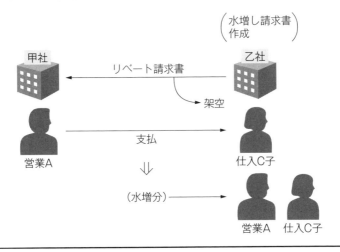

Case04 得意先に水増し請求をし,正規の請求金額のみを会社に入金した

 不正を事前に防止する

　販売数量や金額を達成したことによりリベート（割戻し）を支払う場合があります。上記事例のように担当者間のみで基準が取り決められているケースや,中には不当な要求をされるケースもあります。この場合,リベートの授受を発見することは非常に難しく,ほとんどの場合は,内部告発や,担当者の退職後,あるいは契約終了後に明るみになるものです。

　そこで,商慣習としてリベートを授受するような機会が少しでもある場合は以下のような防止策を講じることが有効です。

1　契約書面を取り交わす

　リベート制度がある得意先等とは,リベートに関する事項を取り決めた書面を取り交わし,社内に周知させることによって不正を防ぎます。特に支払方法については,注意が必要でしょう。

2　公私混同の未然防止

　リベートの不正は,担当者同士が必要以上に親密になっていた場合が多く,会社の就業規則等で,会社の許可なしで得意先等と私的に食事やゴルフに行ってはならない,など定めることが有効です。また,担当者を定期的に変えることも必要でしょう。

不正が起きた場合の事後処理

　他の事例でも同じことが言えますが，従業員の着服と取引先の社員とでは，取扱いを分けて考える必要があります。事例の場合，着服事実の認識とその後の解決方法により，甲社と乙社は，それぞれの会計処理が必要となることが想定されます。

　まず，考えるべきことは乙社において，リベートの受取自体が会計上，計上漏れとなっている点です。乙社は，売上割戻し（乙社にとっては仕入割戻し）の計上とそれに伴う消費税の修正を行い，さらに従業員Ｃ子に対する会計処理を行うことになります。

　事例では，甲社，乙社双方とも監督責任を認めており，両社間の損失補てんや今後の回収については円満に解決される見込みですが，ここでは，乙社のＣ子が横領したという前提で会計処理します。

〈乙社の会計処理〉

| （未 収 入 金） | 900,000 | （仕 入 割 戻） | 900,000(注) |
| （横 領 損 失） | 900,000 | （未 収 入 金） | 900,000 |

　（注）消費税は税込経理を前提としています。

　または，Ｃ子に対する損害賠償未収入金としておくことが考えられます。さらに処分によってはＣ子に対する賞与として計上されます。

　一方，甲社の営業担当者Ａに責任がある場合，甲社はＡにより，乙社へリベートを過払するという結果になってしまったため，その損失に対して，Ａに対し，損害賠償請求等の対応を行うことになり，その処分に対応する会計処理を行うことになります。

 労務上の留意点

「従業員の横領問題」

Case05 私的な交通費を会社経費として精算した

　甲社では，営業部員の交通費精算については，交通費明細を作成し行っていた。その際，原則として領収書等の添付を義務づけていたが，営業部長等の上席者はその内容の詳細を確認していなかった。特に，甲社の営業部は車での移動が多く，駐車料代やガソリン代，高速料金の領収書が多かった。

　管理上，問題が生じる可能性があるため，管理部主体でその内容を吟味することになった。その手続の一環としてサンプル抽出で営業担当者Aの駐車場料金の領収書とガソリン代を確認していたところ，営業時間外の領収書が，何枚か散見された。くわえて，甲社の社用車としては，考えられないような場所で給油をしていた事実が判明した。そこでAに問いただしたところ，車を趣味としているAが個人的なドライブで使用したことや自分の愛車で通勤した際の駐車料金として使用していたことが明らかになった。

　その金額は，総額で21万円であった。

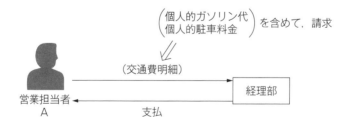

Chapter 1 営業部門に関する不正事例

 不正を事前に防止する

❶ 日報との突合せによる交通費精算書の内容を吟味

　ガソリン代，駐車料金については要注意です。過去に複数の会社で実際に遭遇した事例です。ガソリン代の支払が1人だけ集中して多額になる若手社員がいました。日報を確認したところ，多額のガソリン代を消費するような走行距離ではありませんでした。そこで，本人を呼んで問いただしたところ，友人との賭け麻雀の支払の代わりにガソリンを入れさせていた事実が明るみになりました。また，駐車料金が多額であったため，日報と突合せを行ったところ，地理的につじつまの合わない駐車場を使用していたことが判明しました。個人の自家用車の駐車料金とガソリン代を，不正に請求したものです。

　日報自体を虚偽報告すれば判明しないケースもありますが，そこまで行った場合には確信犯と言わざるを得ないでしょう。

| 私的流用の危険性常にあり | 常識外のこともある |

 不正が起きた場合の事後処理

　甲社は，交通費等の精算時にAの交通費明細によって経費処理した結果，Aの個人的なガソリン代や駐車料金について次のように会計処理していたことになります（金額を21万円と仮定）。

　　（旅 費 交 通 費）　　210,000[注]　　（現　預　金）　　210,000
　　（注）消費税は税込経理を前提としています。

　Aに対する処分によって会計処理が分かれますが，いずれにしても経費が過大計上になっていますので，消費税の修正を含めて事後の処理が必要です。

〈事業年度末までに発覚し，期末にはAに全額返済させることで合意している場合〉
　（未　収　入　金）　　210,000　　　　（旅　費　交　通　費）　　210,000(注)
〈翌事業年度に発覚し，Aに全額，返済させることとした場合〉
　（未　収　入　金）　　210,000　　　　（前期損益修正益）　　　210,000
　（注）消費税は税込経理を前提としています。

　この手のトラブルは，金額の多寡にかかわらず，公私混同の問題がありますので，社員に反省させる意味も含めて，一旦は全額返済させる処理を考えるべきです。仮に社員への賞与又は貸倒処理の話が出たとしてもその後の問題でしょう。

労務上の留意点―交通費の不正申告

　従業員は，通勤区間や手段の申告については，あまり重要なことのように考えていない節もあるようですが，会社から見れば，通勤区間や手段の不正申告による交通費の不正受給は重大な秩序違反行為と言えます。経費の精算はもちろん，毎日の通勤に関する費用の届出を正確に行う旨を就業規則や給与規程の中に定め，合わせて「通勤手当を不正受給した場合は懲戒処分に処する場合がある」と定めておくとよいでしょう。

Case 06 馴染みの店から白紙領収書をもらって架空の経費精算を行った

甲社の営業課長Aは，得意先の接待先として，二次会の店に接待飲食店（クラブ）Y店を使っていた。接待の回数は，週に2回はあり頻繁ではあったが，売上成績が常によかったため，接待相手や内容については経理部も営業部長も厳格にはチェックしていなかった。しかし，最近，接待の回数が増え，特にY店の使用頻度が月に10回程度となってきたため，理由を尋ねたところ，不自然な点が多かった。そこでY店に直接問い合わせをしたところ，営業課長Aが自らの遊興費に充てるためにY店から白紙領収書を受け取り，精算に回し，着服していたことが明らかになった。着服金総額は33万円であった。

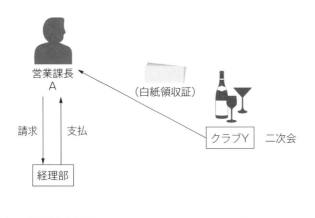

不正を事前に防止する

1 事前承認体制の確立

まず，行うべきことは，事前承認を必ず取る仕組みを作ることです。事前承認では何のために誰と飲食をするかを報告させ，しかるべき人（事例の場合は

営業部長）の承認を受けて，仮払金を渡し，その後，速やかに精算させることです。

2 特定の従業員による特定店の利用を禁止

会社として特定店を指定しておき，部署や立場の違う社員が使用するのであれば，サービス等の点からとても都合がよく，請求書の内容をそのお店に問い合わせする際にも便利でしょう。

特定の従業員が利用し続けると親密度が限度を超えてしまい，その結果，事例のような馴れ合い状態・不正の発生につながってしまう可能性が大きくなります。

3 接待の二次会・三次会を厳禁化

二次会・三次会を禁止することも効果的といえるでしょう。一次会は業務の円滑化につながる重要な会食とは思いますが，二次会以降はもはや接待の域を逸脱して，こちらの従業員だけということもあり得ます。こうなりますと完全に不正費消と考えざるを得なくなります。

①事前承認体制の確立
②特定の従業員による特定店の利用を禁止
③二次会・三次会の禁止

不正が起きた場合の事後処理

甲社は，Y店の領収書をもとに交際費計上し（金額は33万円と仮定），次の会計処理を行っています。

（交　際　費）　　330,000(注)　　（現　預　金）　　330,000

このケースも Case05 と同様に交際費の過大計上を修正すると同時に営業課長 A に対する未収処理が必要となります。

〈事業年度末までに発覚し,期末において A が 33 万円全額返済することで合意した場合〉

(未 収 入 金)　　　330,000　　　　(交　際　費)　　　330,000

〈翌事業年度に発覚し,営業課長 A に全額,返済させることとした場合〉

(未 収 入 金)　　　330,000　　　　(前期損益修正益)　　　330,000

(注)消費税は税込経理を前提としています。

この場合には,交際費に係る仮払消費税につき,修正申告を要します。

労務上の留意点―上司に対する懲戒

従業員が,重大な不正行為を行った場合,当該従業員が懲戒処分を受けるのは当然ですが,一方で当該従業員を指導監督する立場にあった上司も指導監督義務違反を理由に懲戒することができるのかという問題があります。就業規則の懲戒規定に「上司が部下を指導監督する責任」について規定してあれば処分できます。ただし,指導監督に過失があった場合だけで,過失がないのに「連帯責任」で懲戒することはできません。

【就業規則　懲戒処分の例文】

・部下の管理監督,業務上の指導又は必要な指示,注意を怠ったとき
・部下の非違行為に加担し,又はそれを知りながら必要な注意等をなさなかったとき

Case 07　会社保管の乗車券を換金し，着服した

　医薬品販売甲社では，大阪への出張が多いため，東京～新大阪の新幹線回数券を総務の担当者Ｃ子が購入し，保管していた。Ｃ子は物静かで真面目な人間であったため，回数券すべての管理をＣ子１人に任せており，現物の確認も行っていなかった。また，最初のころはノート管理していたため，社長も全く，気に留めていなかった。しかし，２年ほど前から妻子ある営業担当者Ａが，Ｃ子と親密な関係になったことをよいことにＣ子をそそのかして保管してあった出張用の新幹線乗車券を換金させ，これを着服していた。

　これらの事実は，会計事務所が現物の確認を提案し，出張報告書との突合せを行っている過程で発覚した。

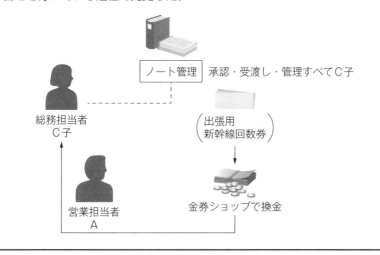

 不正を事前に防止する

社内には印紙や切手，商品券等の現金同等物が保管されている場合が多いで

しょう。その保管管理が緩い場合には，この事例のようにこれら金券を金券ショップ等で換金し，これを着服するケースが想定されます。

1 購入者，管理者の分担

購入者と管理者を別にします。経理部に購入と管理をすべて任せず，例えば経理部は購入を，総務部は管理をするような形で業務を分担させるようにします。

2 受払簿の作成

種類ごとに受払簿を作成し，購入枚数，使用者はその使用枚数，使用目的を必ず記入する体制を作り管理を徹底させます。

3 保管上限の設定

余分に保管しておくと，管理上，紛失や不正の元となり得るため保管する上限を決め，必要最低限のものを社内に保管するようにします。

4 現物の実査（棚卸）を行う

現金同等物である金券等も，毎週末や毎月末など，定期的に必ず実査を行い，台帳と照合し，これを上司等へ報告し，承認を得る必要があります。また，期末時には，税務上は，原則として貯蔵品在庫として計上すべきであることを補足しておきます。

Case07 会社保管の乗車券を換金し，着服した

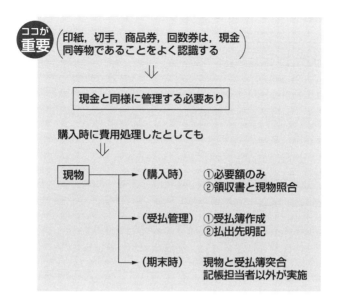

不正が起きた場合の事後処理

　Ｃ子とＡの横領による損失金の計上は，損失の発生した時点で損金の額に算入されることになります。また，損害賠償金の収入計上時期については，その支払を受けるべきことが確定した日の属する事業年度又は実際に支払を受けた日の属する事業年度において益金の額に算入されます。

　Ｃ子とＡ，どちらか又は双方なのかは事情や状況を勘案して判断されますが，処分が決定した段階で以下の会計処理を行うことになります。

　　（未　収　入　金）　　×××　　　　（損害賠償金収入）　　×××
　この場合，消費税は課税対象外取引となります。

　次にその後の処理です。基本的には，返済期日を設け，期日までに回収することを考えます。しかし，その社員の特殊事情や横領の背景，風評対策等により，弁済を受けないことも考えられます。その場合には，その社員に対する給

与として取り扱われます（所基通36-15（5））。

労務上の留意点—社内不倫と懲戒解雇

社内不倫が発覚した従業員を懲戒解雇にできるかという問題があります。会社にとっては，周囲に与える影響が大きくなることや，ハラスメント問題に発展することも予想されますので，早く解決したい問題ではありますが，社内不倫を理由とした懲戒解雇は，原則難しいと捉えていたほうがよいと思います。

不倫を理由とした懲戒処分を行う場合は，まず，問題行為に該当する懲戒事由の定めが必要であり，加えて業務への影響，会社の秩序保持や信用への影響，会社が被った損害等を総合的に考慮する必要があります。

このケースに出てくるような，不倫関係が元で横領問題に発展したような場合には，不倫をしたことを処分する，というよりも，その横領に対する処分を進めたほうが実務的でしょう。

このケースの場合，C子とその行為をそそのかした営業担当者Aを懲戒処分できるか，ということになりますが，やはり，就業規則の懲戒処分にその規定があるかどうか次第です。

【就業規則　懲戒処分の例文】

・会社の金品を盗取し，横領し，又は背任等の不正な行為をした者
・他の従業員を教唆し又は扇動して前各号に該当する行為をさせ，またはさせようとしたとき

Case 08 私的利用のための物品を会社で購入し，窃取した

　甲社は営業部全員にパソコンが支給されている。パソコンの購入に関しては，システムに詳しい総務部IT担当者のAに一任されていた。甲社は高齢者が多いため，30名いる社員のうち，パソコンに詳しい社員はほとんどおらず，Aが，パソコンの構成，見積り，発注から検収，そして支払依頼まですべて行っており，他の者も口を挟むことはなかった。

　Aは，パソコンやIT関係に強い興味を持っており，会社の物品購入に合わせて，パソコン部品やソフト等を購入し，自宅で個人的に使用していた。

　最近，新しい会計事務所が関与することとなり，資産管理台帳が適正に作成されているかどうかを見るために，現物の実査を行い，資産管理台帳と照合した。この手続の一環で，最近購入したもので，台帳には計上されているが現物が存在しないパソコンがあることがわかった。その事実をAに問いつめたところAがパソコンを窃取した事実が判明したのである。

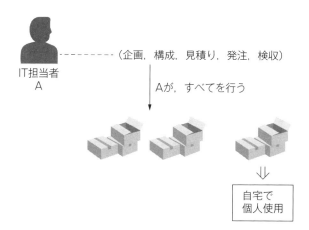

不正を事前に防止する

❶ 支払依頼書の作成と承認

事前に支払依頼書を作成し，上司の承認を得るなどの手続が必要です。この支払依頼書には相手先購入目的，購入内容，購入先を記載します。

❷ 発注者と管理者の分担

購入者と管理者を別にします。例えば，経理部に購入と管理をすべて任せず，経理部は購入を，総務部が管理をというような形で業務を分担させるようにします。

①支払依頼書の作成と承認
②発注者と管理者の分担

不正が起きた場合の事後処理

結果として，Aの物品横領ということになります。その後，現物を戻させるのか，それとも，買い取らせるのか等によって会計処理も変わってきます。

甲社では，パソコンは固定資産計上されています。したがって，罰則処理云々は別として，窃取した現物を会社に戻すだけであれば会計処理は何ら生じません。

一方，買い取らせる場合には固定資産の売却処理が必要となります。この場合は，

（未 収 入 金）　×××　　　（器 具 備 品）　×××
　　　　　　　　　　　　　　　（仮受消費税）　×××

となります。

さて，減価償却の開始時期は，事業の用に供した時点からであり，減価償却

資産を取得した時点と事業の用に供した時点とが異なる場合には,注意を要します。取得した時点から減価償却を開始してしまうと,結果として,事業の用に供した時点までの期間分に対応する減価償却費が過大計上されていることになるからです。

今回のケースで,仮に事業の用に供していなかった場合,過年度減価償却費の過大計上につながることにもなります。その際は,税務上の調整が必要になることに留意しておいてください。

 労務上の留意点——懲戒処分の濫用

このケースのように,不正の未然防止措置や是正措置を講じない場合や,従業員に不正をしないように注意を促していない場合など,永年にわたり不正を戒めず放置していたときは,実情により,会社の管理体制の不備として,懲戒解雇などの厳罰処分については権利の濫用とされるケースがあります。普段より従業員の生活をよく把握すること,同一部署に長く置かないローテーション人事を行うこと,物品購入の申請は従業員の申し出に任せきりにしないことなど,不正防止策を普段から講じておくことが必要です。

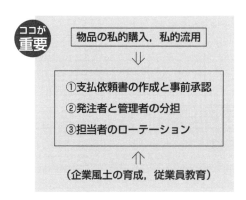

Chapter 1 営業部門に関する不正事例

無断で商品を仕入れて売り上げ，記録せずにその儲け分を着服した

　書籍販売業甲社において，内部監査の担当者が，甲社の千葉支店を訪問した際，千葉支店が坪借りしている倉庫で見覚えのない制服の人物が入庫作業をしているのを見かけた。

　その後の調べで，その制服は乙社のものであることが判明したが，甲社と乙社には何ら取引関係がなかった。

　そこで，千葉支店の担当者Aに問いただしたところ，Aが甲社に内緒で乙社の商品を仕入れて売りさばき，差額を着服していることを明らかにした。

千葉支店担当者
A

（乙社製品を内密に売買）---（甲社には無許可）

売買差額を着服

 不正を事前に防止する

1　商品の納入管理

　商品の納入は可能な限り毎日もしくはそれに近い間隔で記録することをルール化します。

2 商品取引契約

商品納入に関する契約を積極的に締結します。

購買担当者は②の契約を結んでいない業者を原則として会社敷地に立ち入らせるべきではありません。やむを得ない場合も想定されますが、その場合には必ず文書で事前の承認と事後の報告を義務づけさせるべきでしょう。

①商品納入管理を適時に行う
②商品取引基本契約書の締結
③業者自体をチェック

不正が起きた場合の事後処理

売上と仕入を甲社が本来計上しなければならない処理として、両建で計上する場合と、甲社が本来得るべきであった利益を、Aが横領したとする場合があると考えられます。Aの売上先が甲社と親密な関係があり、売上先は甲社との取引と認識している場合には両建処理を行い、差額はAに対する未収入金となります。

（仕　入　高）	×××	（売　上　高）	×××
（仮 払 消 費 税）	×××	（仮 受 消 費 税）	×××
（未 収 入 金）	×××		

そうでない場合には、甲社が得られるべき額を、Aに対する損害賠償金として計上することになります。

| （未 収 入 金） | ××× | （損害賠償金収入） | ××× |

労務上の留意点

 「従業員の横領問題」

Chapter 1　営業部門に関する不正事例

Case 10　出張用の正規価格の航空券と格安航空券との差額を着服した

　営業課長のAは飛行機を利用して出張する機会が多いが，航空券は自ら手配し，その後，立替払分については領収書を添付して会社に請求していた。ある出張の際，「到着予定時刻になってもAが到着しないがどうなっているのか」と，現地の得意先甲から連絡が入った。その後Aは1時間ほど遅れて到着したが，不審に思った会社側がAに理由を問いただしたところ，Aは正規価格で航空券をいったん購入して領収書を入手した後，すぐにこれをキャンセルして，格安航空券を入手していたことを明らかにした。

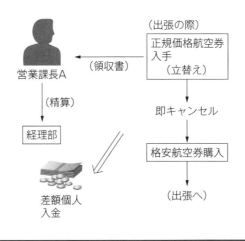

不正を事前に防止する

　原則として出張に関する手配は，総務部など当事者とは別の者が行うというルールにします。また，旅程表などを提出させ，また，定時に連絡させるなど会社が把握している旅程と異なる行動がないか確認できるようにします（事故

Case10 出張用の正規価格の航空券と格安航空券との差額を着服した

発生にいち早く対応するリスクマネジメントにも効果があります)。

 不正が起きた場合の事後処理

　差額については未収入金もしくは給与として処理します。いずれの処理を採用しても，結果として着服した差額に係る消費税額は仕入税額控除の対象とはなりません(実額の旅客サービスに対して支払われた対価は，あくまで格安航空券に支払われた対価の部分のみになります)。

　また，この貸付金につき未収利息を計上することを失念しないよう，注意が必要です。

(旅費交通費)(注1)	×××	(旅費交通費)(注2)	×××
(仮払消費税)(注1)	×××	(仮払消費税)(注2)	×××
(未 収 入 金)	×××		

(注1) 格安航空運賃及びそれに係る消費税。
(注2) 正規の航空運賃及びそれに係る消費税。

 労務上の留意点─就業規則の活用

　この会社のケースでも，出張時の交通費の精算や日当の価額を定める「旅費規程」「出張旅費規程」が定められていない，あるいは規程があっても周知されていない，活用されていないことが考えられます。不正が起きる前に，就業規則本体はもちろん，その周辺の細かい規程も見直しておくとよいでしょう。

　このように，「就業規則は一度作成したら終わり」ではなく，実際に運用してみて，実態にそぐわない，規定が足りない，という点があるようでしたら見直しを行います。

　就業規則を変更した場合もその都度，労働者の過半数代表者の意見を聞き，管轄の労働基準監督署へ届ける必要があります。

　なお，就業規則の変更を届け出る場合，変更した規程全体を提出するのでは

なく，変更箇所を抜粋して対比表を作成したものに意見書を付けて提出することもできます。

販売先に対し値引きを行い、その一部をキックバックさせた

　機械販売業の甲社で税務調査が行われた。税務調査官は、甲社の粗利益率が異常に低いことに着目し、営業担当者のAにその理由を尋ねた。Aは「得意先からの値引き要請が強く、仕方なく値引きした」と説明した。金額のバランスに不審に思った税務調査官が、Aが値引きした得意先の一つである乙社を反面調査したところ、甲社の営業担当者Aに対する支払があった。つまり、値引きした金額の一部をAがキックバックとして受けていたのである。

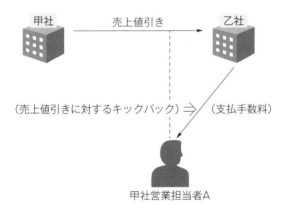

不正を事前に防止する

　不適切なキックバックをAが受けたという事実は、Aの個人的な動機が直接的原因です。しかし、甲社が顧客先ごとの利益管理や、売上値引きのルール化といった仕組みの構築・運用をしてこなかったことにも起因します。甲社は、これらの仕組みを構築し、不正を発生させる「機会」を与えないようにする必要があるのです。

具体的な防止策としては次の事項が挙げられます。
（1） 商品ごとに粗利益率管理
　商品ごとに損益分岐点や粗利益率を把握し，売上高に比べ粗利益率が異常に低いものがないかを定期的に確認する仕組みを作ります。
（2） 値引きのルール化
　担当者が裁量で値引きできる金額や値引き率に限度を設けます。限度内の場合には，事後的にでも上司に報告をさせ，限度を超える場合には，上司の決裁がなければ実行できないようにします。
（3） 営業担当者の教育と管理
　営業担当者の身なりや金回りなどに不自然な点が見られないかどうかを注意するようにします。

| ココが重要 | ①商品ごとに粗利益率管理
②上司決済をルール化
③営業担当者の教育と管理 |

不正が起きた場合の事後処理

　キックバックにより詐取された金額を明確にすることは非常に困難ですが，事例のような税務調査での発覚の場合には，その金額の確定は比較的容易なようです。
　Ａが詐取した金額は，甲社が乙社へ値引きした金額に含まれているため，次のような仕訳がなされています。

　　（売　上　値　引）　　×××　　　　（現　金　預　金）　　×××
　　（仮 受 消 費 税）　　×××

　実際には，Ａが詐取した金額分，売上値引きが過大であるため，次の会計処理を行いＡから返金を受けることとなります。

（未　収　入　金）	×××	（売　上　値　引）	×××
		（仮　受　消　費　税）	×××

Aからの返金時には，このような会計処理となります。

（現　　　　　金）	×××	（未　収　入　金）	×××

Aとの示談による返金が不能の場合には，従業員の不正に関する会計処理で損害賠償請求収入と横領損失を計上することとなります。

（未　収　入　金）	×××	（損害賠償金収入）	×××
（横　領　損　失）	×××	（未　収　入　金）	×××

当該不正行為は税務調査で判明しましたが，この不正行為による架空の売上値引きが甲社に対する重加算税の賦課対象になるかどうかが問題となります。

POINT 労務上の留意点—懲戒処分のポイント

　従業員の不正行為を認識し，調査を実施して，懲戒の必要があると判断した場合には，一定の期間内に懲戒処分を実施することが望ましいでしょう。ある程度長い時間，懲戒処分をせずに経過すると，その経過した時間とともに職場における秩序は徐々に回復し，いざ懲戒処分を行おうとした時には，すぐに懲戒処分を行うことを必要とする状況にはなかったと判断され，懲戒処分は権利濫用として無効になる可能性もあります。

Case 12 得意先にクレームをつけさせて会社に示談金等を払わせ，その一部をバックさせた

雑貨販売業を営む甲社は，最近，増えてきたクレーム費の発生原因を分析していた。クレームの内容は得意先乙からの納入数量の不足に関するものが主であり，クレーム費はこれに対応するために乙に追加で納入した商品の原価であった。

クレーム費が増加し始めた時期は，商品納入担当者がAになってからであるため，Aに追及したところ，乙社の仕入担当者Bと共謀し，故意に納入数量が不足しているとクレームを起こさせ，追加で商品を納入させた上で，追加した商品の代金の一部につきキックバックを得ていたことが判明した。

Aから追加納入させた商品は，乙社で仕入計上せずにBが売りさばき（仕入原価を下回る金額で），その売却代金の半分をAに手渡していた。

なお，商品納入は担当がA一人で行っていた。

またAは商品納入担当者になる以前は，乙社を含めたエリアの統括管理職であったが，業績が著しく悪化した責任をとらされる形で，納入担当者へ降格された。Aは，常日頃からパワハラを受けていた甲社営業担当部長C（Aの直属の上司）への報復が主な目的であるとの証言もしている。今回の人事も不当な降格人事であり，パワハラにあたるとAは主張している。

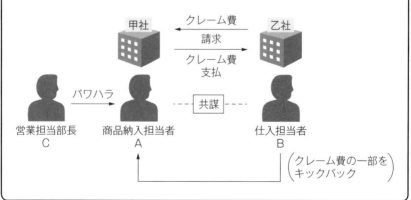

不正を事前に防止する

1 商品納入数量に関するクレームについて

このケースでは、クレームは数量の不足を理由とするものですから、事前防止策としては数量の不足（あるいはそういうクレームを受ける可能性）が生じないよう、次のような対策を講じることが必要となります。

（1） 検品の厳格化

出荷時に複数の人による検品を行います。なお、検品した社員の氏名を記名し、あるいは押印した書類を商品に同封するのも有効です。

（2） 運送業者にも立会いを

運送業者などを使用している場合、彼らが第三者となるので、商品到着後直ちに彼らの立会いのもと開梱・検品してもらうようにします。

（3） クレームについて報告と対処

クレームが生じた場合、必ず、上長に報告をあげさせます。また、その対処については必ず、承認を得ることをルール化します。しかし、クレーム対応は臨機応変に弾力的に動くことが重要ですので、まず、上長に対して報告することが一義的な行動指針であることを徹底させましょう。

(1)や(2)やのような対策を講じてもなおクレームが改善しない場合には、これ以上のサービス提供は不可能と判断し、契約を終了してしまうことも必要でしょう。

① 検品の厳格化
② 運送業者にも検品立会いを
③ クレームについて報告と対処を

2 パワハラ（パワーハラスメント）に対して

(1) パワハラとは

パワハラとは，同じ職場で働く者に対して，職務上の地位などの優位性を背景に，「業務の適正な範囲」を超えて，精神的・身体的苦痛を与えたり，職場環境を悪化させる行為をいいます。「業務上の適正な範囲」を超えないものは，パワハラにあたりませんが，業務上の指導との線引きが難しいともいわれています。何が「業務上の適正な範囲」を超えるかは業種や企業風土の影響を受け，具体的な判断もその行為が行われた状況や類似行為の継続性などによります。

(2) パワハラが生じやすい職場と従業員不正が生じやすい職場との類似性

今回の人事がパワハラになるかどうかについては，ここでは言及できませんが，「上司と部下のコミュニケーションが少ない職場」，「残業が多い，休みが取り難い職場」「失敗が許されない，失敗への許容度が低い職場」などの職場環境は，パワハラが発生しやすいと言われます。

職場内のコミュニケーション不足は，その構成員の様々な面での「気づき」を減退させ，また，不当に残業が多い職場は，従業員の不満を積もらせ，あるいは，失敗への許容度の低さは，過度の業績達成プレッシャーを生み，従業員不正が発生しやすい職場環境となります。そういう意味では，パワハラが生じやすい職場と従業員不正が生じやすい職場とは類似性があると言えるのではないでしょうか。

❗ 不正が起きた場合の事後処理

事例の場合，甲社においては，数量不足で追加原価が発生している状況です。その追加原価分だけ，原価が過大となっています。

（売　上　原　価）　×××　　（商　　　　品）　×××

これは，さらに次のような売上を計上する機会を逸したことになります。

（売　掛　金）　×××　　（売　　　上）　×××
　　　　　　　　　　　　　（仮 受 消 費 税）　×××

この場合の甲社の損害は，過大に計上された売上原価でしょうか。本来計上できるはずの売上でしょうか。また，乙社には全く，損害は発生しないでしょうか。

（甲社がＡ及びＢに損害賠償請求する場合）

甲社が乙社を俎上にあげずに，Ａ及びＢのみに対して，追加納入した原価分を請求する場合には，ＡあるいはＢに原価分損害賠償を請求することになります。損害賠償金収入の認識は，Ａが甲社の従業員で，Ｂが乙社の従業員であるため，原則の損害発生時の計上でなく，入金ベースでの計上も認められると考えられます。

（甲社は乙社のＢに対する監督責任を追及し，損害額の一部を負担してもらう場合）

甲社，乙社の今後の取引も考慮して，乙社も負担をするという決着も十分に考えられます。

この場合の甲社の会計処理としては，乙社からの負担入金とＡへの損害賠償金収入の認識がなされます。

〈甲社における乙社からの入金会計処理〉

（現 金 預 金）　　×××　　（損賠賠償金収入）　　×××

〈甲社におけるＡへの損害賠償金収入認識〉

（未 収 入 金）　　×××　　（損賠賠償金収入）　　×××

〈乙社の会計処理〉

（損 害 賠 償 金）　　×××　　（現 金 預 金）　　×××

（未 収 入 金
（Ｂに対して））　　×××　　（損賠賠償金収入）　　×××

 労務上の留意点—懲戒処分のポイント

同様の不正行為に対しては，同一種類・同一程度の懲戒が原則です。懲戒処分を行う際には，以前に同様の不正行為に対して行った懲戒をふまえる必要がありますので，以前に行われた懲戒の記録は必ず残しておき，照会できるよう

にしておく必要があります。これまで黙認してきた行為に対して懲戒を行う場合や，懲戒の程度を重くする場合には，事前に十分な警告を行う必要があります。

Case 13 現金取引の売上を会社に入金せず記帳もしないで着服した

　教材販売会社甲社の監査役Aは，X支店において定期監査の一環で，商品の棚卸しを行った。

　その際に，実際の棚卸数量と帳簿上の在庫数量が合わなかったため，営業担当者に質問したところ，担当者Bの応答が曖昧で要領を得なかった。不審に思ったAは，再度，Bを追及したところ，現金で売り上げた一部の商品について，売上を計上せず，現金については，入金処理も記帳もしないまま着服し，消費者金融からの借入金の返済に充てていたことを明らかにした。

現金取引の売上
⇓
（入金処理せず）⇒ 着服

不正を事前に防止する

1 自社発行様式の領収書のみ使用

　領収書を会社発行によるものだけを有効なものであるとし，連番による管理にすることで，担当者が勝手に領収書を発行できない状況を作り出すことが有効です。

　領収書の発行と現金の回収がセットですから，不正を行う当人の立場からすると不正が露見するリスクが高まることとなります。

2 適時に現品チェックする

在庫の数量についてなるべく短いスパンで増減を把握しておくことが重要です。

現時点での在庫数量はいくつで，各担当者が管理しているのはいくつである，といった情報を把握しておくことで不審な商品の動きをいち早く察知することができます。

3 営業日報との突合

営業日報を記録させ，抜き打ちでこれらの記録と照合するようにします。

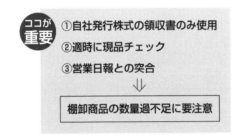

❗ 不正が起きた場合の事後処理

売上の計上漏れなので，これを計上する必要があります。
その一方で，担当者自身への未収入金として処理する必要があります。

（未 収 入 金）	×××	（売　　　　上）	×××
		（仮 受 消 費 税）	×××

POINT 労務上の留意点—従業員の借金問題

このケースのように従業員の借金問題から不正行為に発展するケースはよくあることです。使用者としては不正行為を未然に防ぐために，従業員の借金問題が明らかになった場合は，事前に何らかの対策を講じたいと考えると思いま

すが，従業員の不正行為を未然に防ぐことが目的であっても，借金がある従業員を借金問題で懲戒処分とすることは難しいのが現実です。個人的な借金はあくまで私生活上のことであり，お金を借りたこと自体は問えませんので，懲戒事由には該当しません。裁判所からの給与の差押命令，自己破産の場合も同様です。

Case 14 得意先へ支払サイトの短縮を依頼し,正式な支払期日が来るまでの間流用した

　甲社の得意先乙社から,「仕入代金(買掛金)を早期に支払ったにもかかわらず代金割引がない,どういうことか」と苦情が寄せられた。甲社では早期入金による割引制度は制定しておらず,ましてこれを得意先に案内したこともなかった。そこで,担当者であるAに事情を追及したところ,Aは甲社に無断で「早期回収の依頼書」を乙や他の得意先に触れ回り,代金を期日より前に回収することにより,正式な支払期日までの間,消費者金融の借入返済に充てていたことを明らかにした。

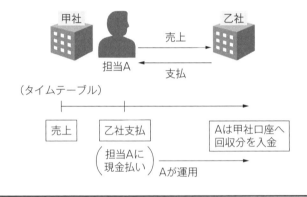

不正を事前に防止する

　担当者が代金を回収する状況が,このような不正が生じる温床であると言えます。ですから,まず代金の回収は銀行口座への振込み等によるものとし,担当者が現金を取り扱う可能性を極力排除します。

　また,領収書を会社発行によるものだけを有効なものであるとし,連番による管理にすることで,担当者が勝手に領収書を発行できない状況を作り出すことも有効です。

不正が起きた場合の事後処理

　この事例で行われたのは，記帳タイミングのずれを生じさせて一時的に資金を流用するいわゆる短期スキミングです。結果的に得意先乙社には，甲社の責任で割引をする必要が生じるでしょう。

　その場合には，次の会計処理がなされます。

　　（売　上　割　引）　　×××　　　　（現　金　預　金）　　×××
　　（仮受消費税等）　　×××

しかし，当該割引は，本来であればAが負担すべきものと考えられるため，

　　（未　収　入　金）　　×××　　　　（売　上　割　引）　　×××
　　　　　　　　　　　　　　　　　　　（仮受消費税等）　　×××

となり，Aから返金を受けることとなります。

　返金時に以下の処理を行います。

　　（現　金　預　金）　　×××　　　　（未　収　入　金）　　×××

　Aとの示談による返金が不能の場合には，従業員の不正に関する会計処理で損害賠償請求収入と横領損失計上することとなります。

　　（未　収　入　金）　　×××　　　　（損害賠償金収入）　　×××
　　（横　領　損　失）　　×××　　　　（未　収　入　金）　　×××

 ## 労務上の留意点─従業員の借金問題

　借金問題が判明した従業員に対し，不正行為を予防するために，その従業員を配置転換する，ということがあります。配置転換自体については，雇用契約上の特約がない（職種限定や勤務地限定等）場合は，問題がありません。もう一つ，配置転換（人事権）の濫用にならないかという点ですが，その従業員の職務や担当業務の具体的な内容によっては，業務の円滑な遂行に支障があるということであれば，配置転換の必要性が認められると思います。また，債務者からの電話が多く業務に差し障りがある，ということでも配置転換は可能と言えます。

ただし，退職を促すための配置転換といったように，その従業員を排除するような人事は認められません。

Case 15 営業部長が会社名義のクレジットカードを私的に流用していた

甲社営業部長Aは，常時，取引先との接待等に使用することを目的として法人用のクレジットカードを預けられ，営業部長の判断で使用することが認められていた。甲社では公私の区別はつけるように日々，社内的に指導されてはいたが，休日に私用としての飲食費がカードで支払われていた。これは，内部告発により発覚したが，被害総額は70万円程度と推測される。また，本人も認めている。

 不正を事前に防止する

　営業担当者は，取引先等の接待のため，またその他の部署でも上席の管理者になればなるほど様々な目的のために法人用のクレジットカードを会社から貸与されていることが一般的に行われています。

　事前に申請される仕組みができていれば，まだコントロールは効きますが，決済権限がカード保持者に移管されていることが多く，様々な場面で使用されることから，不正の非常に起こりやすい状況であるとはいえます。しかし，カードを使用することにより，現金の取扱いをさせない点では，大きなメリットがあります。そこで，以下のような防止策を組み合わせて，上手に利用したいものです。

❶　業務報告を必ず行う

　事前に，日時と場所，相手先等を書面で報告することが望ましいですが，急に接待をすることももちろん想定されますので，使用した翌日であっても報告することを義務づけることが必要と考えられます。

2 請求書の精査

　請求書で日時や，場所などを使用報告書と必ず突合し不明瞭な個所がないか精査します。

　ガソリン等に関しては，日付が近くないかなど細かいチェックが必要です。ガソリンについてもその給油時期，給油量，金額等を精査することが重要でしょう。

　また，カード明細が来たら，その内容を業務報告と突合し，疑問がある場合には必ず，本人に確認を行うことが重要な内部けん制になります。時には賭け麻雀の支払に充てられている例が現実にあることを認識しましょう。

3 カード使用の目的限定

　カードの使用目的を限定するとよいでしょう。接待費と交通費以外は特に使用することはないと思いますが，ルール決めは絶対に必要です。

　カードは便利な決済手段ですが，浪費が膨らむ傾向であることは言うまでもありません。お金であれば持ち合わせ以上に使うことは不可能ですが，カードですと限度額まで使用することが可能です。やはり，カードを持たせるなりの人物評価が必要でしょう。すべてに言えることではありますが。

！ 不正が起きた場合の事後処理

　甲社は，クレジットカードの支払に伴い，交際費として処理しています。したがって，私的流用の部分も交際費として計上されていたことになります。つまり，交際費の過大計上です。そこで当ケースでは翌事業年度に不正が発覚したと仮定し，税務処理を考えます。

　前期に交際費が全額加算されている場合，法人税の処理はありません。消費税は，仕入税額控除が過大なため，修正が必要となります。

　前期に交際費が全額加算されていない場合，法人税は，修正が必要です。交際費の限度額再計算が必要となります。また，消費税は，仕入税額控除が過大

なため，修正が必要となります。

さらに補足しますと，あくまでも事実認定の話ですが，もし，「隠ぺい・仮装」と認定された場合には，重加算税の対象になる可能性があります。

労務上の留意点──降職・降格

　管理職の従業員が行った不正への懲戒処分の一つとして，「降職・降格」が考えられます。懲戒処分の「降職・降格」により結果的に賃金が引き下げられたとしても，懲戒処分の「減給」ではありませんので，労働基準法第91条の「制裁規定の制限」には該当しません。極端な例かもしれませんが，例えば，役職手当として10万円支給されていた従業員が降格により部長職を解かれたことにより，その役職手当が支給されなくなったとしても労働基準法違反には該当しないということになります。ただし，行使した人事権が正当であったかどうかを問われることはありますので，就業規則に則った判断，手続が必要です。

【就業規則　降職・降格の例文】

- 会社は，従業員の成果，職務適性等に基づいて，昇格または役職位の任命を命じることがある。
- 前項のほか，会社は，第○条の定めに基づいて，降格もしくは役職位の罷免を行うことがある。

【懲戒規定の例文】

- 降職降格　　職位及び資格を降ろす。

Chapter 1　営業部門に関する不正事例

【降格処分通知書例】

平成○○年○月○日

A　殿

甲株式会社
代表取締役　甲野　太郎

貴殿に対し，次のとおり処分することを通知する。

1　処分内容
　就業規則第○条第○号により，平成○○年○月○日付で営業部長から営業部長代理に降格する。

2　処分理由
　貴殿は，平成○○年○月○日から平成○○年○月○日の間，取引先との接待等に使用することを目的とした社用のカードを私的に流用し，当社に総額70万○千円の損害を負わせた。
　よって，貴殿の行った行為は，就業規則第○条第○号に該当し，就業規則第○条により貴殿を降格処分とする。

以　上

- 処分内容は，就業規則のどの条文に該当するか記載します。「降格」の懲戒処分は記載されていることが肝心
- 処分理由については，そうなったことのいきさつや，内容，理由も明記

Chapter 2 管理部門に関する不正事例

CONTROL DEPARTMENT

現金払いのアルバイト給与を多く申告して差額を着服した

　甲社のアルバイトを管理している総務担当者Aは，作業終了後，アルバイトBのバイト代3,000円を経理担当者に請求することになっていた。しかし，Aは直接，Bに3,000円を支払い，経理担当者には，時間の延長等を理由に8,000円であると偽って請求し，差額の5,000円を着服していた。

　甲社では，アルバイトのバイト代等の設定から支払まで，Aに権限が与えられていたこともあり，経理担当者も日当金額について把握していなかった。Aは，その点を悪用したと思われる。

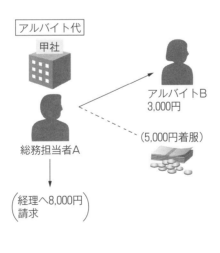

不正を事前に防止する

　事例のような着服不正を防止する対策としては,次のようなことが考えられます。

1　抜き打ちチェックの実施

　実際にパートやアルバイトが作業している現場を抜き打ちで確認することが必要です。その際の確認事項として,何時に,どこの現場に,何人投入されているかなどが考えられます。そうすることで着服不正に対してのけん制につながります。いずれにしても現金支給は極力避けるべきでしょう。銀行振込みであれば,銀行口座の登録のために本人に銀行口座を申請させることになりますので本人確認にもなります。

2　業務報告書の提出

　何時から何時まで,どこで,どのような作業をしていたかをアルバイトに自筆で記入してもらいましょう。また仮に現金を支払った際には,必ず,アルバイト本人自筆の領収書をもらうなど,授受の記録を残すべきです。

　パート・アルバイトを利用した架空人件費を使った所得隠しを安易に行う企業が横行した時期がありました。そこで税務当局も架空人件費については厳しい態度で臨んでいます。当然,労働の事実についても確認が行われます。仮に社員サイドでこのような不正が行われていた場合には,すべての人件費についても疑いが持たれてしまいます。

　無用な誤解を生じさせないためにも,この種の不正が起きないように管理担当者と支払担当者を分けるべきでしょう。

(対策)
① 抜き打ちチェック
② 業務報告書をパートやアルバイトにも強制
③ アルバイトB本人自筆の領収証
④ 極力，銀行振込みとする

 不正が起きた場合の事後処理

アルバイトBに支給した会計処理としては次のような仕訳がなされていました。

　（給　　　与）　　8,000　　　（現　金　預　金）　　8,000

本来の会計処理は

　（給　　　与）　　3,000　　　（現　金　預　金）　　3,000

ですので，差額5,000円をAに対する未収入金として処理し，Aから回収することとなります。

 労務上の留意点―不正調査時の自宅待機

不正が発覚し，その事実を解明するための調査の期間，あるいは懲戒処分が決定するまでの間，職場秩序を保つために対象となる従業員に自宅待機を命ずるケースがあります。この場合，賃金の支払が問題となりますが，この自宅待機自体は一種の業務命令であることと，懲戒処分前ですので賃金の支払義務は生じます（最低でも労働基準法第26条の休業手当相当）。賃金を支払わないで自宅待機をさせるには，それなりの合理的な理由（不正行為の再発や証拠隠滅等の防止）と，賃金を支払わないで自宅待機させることができる根拠となる就業規則の規定が必要となります。

【例】

> 第○条　従業員の行為が，諭旨解雇又は懲戒解雇事由に該当ないしその恐れがある場合，事実の調査又は懲戒処分を審議決定する間，自宅待機を命ずることがある。
> （2）前項の場合，自宅待機の期間は賃金を支給しない。

Case 17 市販の領収書を購入して架空の経費精算を行った

　甲社の総務担当者 A は，文具や消耗品，お茶菓子の購入について，注文から支払まで任されていた。甲社としては長年，A に任せていて特に問題も発生せず，金額も少額であったことから，特に購入内容の吟味を行っていなかった。また，近くの小規模な文房具店 a や雑貨店 b から購入していたため，領収書は独自のものではなく市販の領収書が使われていたが，特に疑問も持たずに A に任せていた。

　ある日，A が不在であったため，甲社の新人社員 B に a 店へのお使いを頼んだところ，a 店から受け取った領収書が市販の領収書ではなかったことから，事実確認を行い，架空経費精算が発覚した。金額的には 1 カ月当たり 5,000 円程度のことということであるが，どうも A は入社して数年目から行っていた節があり，30 年以上不正を行っていたようである。

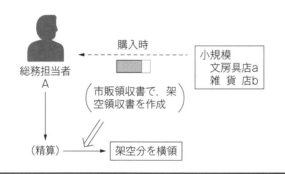

不正を事前に防止する

1　領収書の吟味

　経費精算する際に経理担当者が，日付や領収書の内容を吟味します。具体的には領収書の日付が精算者の休暇中のものではないか，あるいは同じお店の領

収書が頻繁に発生していないかを吟味します。接待した場合などにはその相手先等を明確にする必要もあります。基本的に，市販の領収書が大量に使用されること自体あまり考えられないので，普段のチェックが何より重要です。

2　ローテーション

同じ仕事を単独で長年させること自体，不正の温床となります。中小企業では人的リソースが限られている現実はありますが，複数のメンバーで仕事を共有できるように工夫が必要でしょう。

3　承認手続の徹底

仕事には重要性が付き物ですので金額から言えば少額なものは省略しようとするのが当然でしょう。しかし，こと現金に係る時には質的な重要性を考えて，上長の検認ができるような仕組みが必要です。常時，行うことが困難な場合には時々臨時的に行うことでも十分なけん制効果があるでしょう。顧問の会計事務所をうまく利用するのも一考でしょう。

①領収書の精査
②ローテーション
③了承手続の徹底

不正が起きた場合の事後処理

総務担当者Aは，30年以上も不正を続けていたため，1回当たりの金額はわずかですが，総額となるとそれなりの金額に積みあがってしまいます。基本的には，甲社にも不正を継続させてしまった企業風土と仕組みの不備が大きな問題ではありますが，長年にわたり，信頼を裏切ったAの責任は重いでしょう。

また，損失金について確定的な算定は難しいと言わざるを得ません。そこで，

Case17 市販の領収書を購入して架空の経費精算を行った

Aの勤続年数と月当たりの金額を乗じて計算し,その金額を未収入金処理することが考えられます。

　（未　収　入　金）　　×××　　　　　（損害賠償金収入）　　×××

 労務上の留意点

 「懲戒処分の濫用」

Chapter 2 管理部門に関する不正事例

Case 18 現金取扱担当者が，実際より多い金額で仮払金を処理して差額を着服した

　経理担当者のAは，営業担当者に対する出張仮払金の管理を一人で行っていた。Aは，営業担当者Bの遠方出張が多いことに目をつけ，Bが当初依頼してきた5万円の仮払金請求について，6万円を仮払金で払い出し，6万円の会計処理を行っていた。

　しかし，実際にはBに5万円しか渡さずに，差額の1万円を着服していた。さらに，後日営業担当者から提出された仮払精算書を改ざんすることで，辻褄を合わせていたことが判明した。

　改ざんの方法としては，旅費交通費を水増しするというものである。これは，A以外の経理担当者がBに仮払精算書の内容について問い合わせたことにより発覚した。

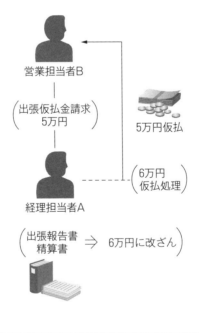

Case18 現金取扱担当者が、実際より多い金額で仮払金を処理して差額を着服した

 不正を事前に防止する

　遠方への出張は、経費が比較的大きくなることから、事前に営業担当者に対して仮払金処理を行うことがあります。

　また、こうした担当者は遠方への出張が続き、仮払の精算が遅れることが散見されます。

　しかしながら、このような状況を放置すると本人が領収書を紛失したり、出張の詳細を忘れてしまい、仮払金の精算処理がずさんになるばかりか、結果として他人の悪事に利用されることも考えられます。そのような状況を作らないためにも、適切な防止策を講じることが必要になります。

1　承認体制の確立

　現金取扱者と仮払申請書の承認者を別にすることは必須ですが、その仮払申請書を承認する立場にある、承認者の仮払申請は、その他の上司、第三者の承認を受けるようにします。

　　　従業員→承認者の承認
　　　承認者→上司や第三者の承認

2　精算期限の設定

　仮払の精算を、原則として毎月の締め日を設定し、これに対応する提出期限も設定し、期限の厳守を徹底します（例えば、毎月月末締め翌月10日提出期限）。

 不正が起きた場合の事後処理

　Aは、Bの5万円の仮払請求に対して、

　（仮　払　金）　　　60,000　　　（現　金　預　金）　　　60,000

との会計処理を行い、仮払精算時に仮払金精算書を改ざんし、架空の旅費交通

費1万円について、次の会計処理を行っていました。

　（旅 費 交 通 費）　　　10,000(注)　　　（仮　　払　　金）　　　10,000

　実際には、旅費交通費の実体がなく、Aがその現金を着服しているので、旅費交通費の会計処理を取り消して、Aから返金を受けることとなります。

　（未 収 入 金）　　　10,000　　　（旅 費 交 通 費）　　　10,000(注)

　Aからの返金時に以下の処理を行います。

　（現　　　　　金）　　　10,000　　　（未 収 入 金）　　　10,000

（注）消費税は税込経理を前提としています。

 労務上の留意点

 「従業員の横領問題」

Case 19 給与事務の担当者が自己の給与データを改ざんし，過大な給与を受け取った

　給与事務担当者Aは，B社長からの信頼が厚く，長年，甲社の給与計算を一手に任されていた。そのため，特にチェックも入らずに給与計算が淡々と進められていた。しかし，Aは，ある出来事をきっかけにB社長に対して不信感を抱き，気の迷いから，自分の給与計算の元データを改ざんし，本来総支給額が28万9,000円のところを29万8,000円として給与計算を行い，過大な給与を受け取っていたことが後日判明した。

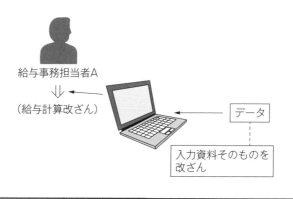

不正を事前に防止する

　給与計算上での不正経理による横領は，事例のような古典的な数字の書換えについても，IT機器の普及によって，以前より複雑でわかりにくいものになっています。

　ある中堅規模商社の事例では，会社のプログラマーが自社の給与ソフトを作成する際に，他の従業員の給与の一部を自分の給与に振り込ませるようにプログラムを改ざんしたケースがあります。さらに残業代の計算式に不正なプログラムを加え，過大に給与を受け取っていました。また，社会保険の被保険者負

担率を過少にし，結果的に過大に給与を受け取っていた事例もあります。

このような事態に対してどのように防止策を講じるべきでしょうか。

❶　給与計算結果の確認

各部署の管理者が，給与計算後に結果を確認するという基本的なプロセスです。これにより，現場の管理者が実際の作業時間との確認を行うことができます。

さらに残業代について，残業時間を含めて確認することで，勤務状況を再確認することができ，場合によっては労働過多な従業員に休暇を指示することで労働環境を整備することにもつながります。

❷　給与の計算担当者と支払担当者の区別

給与計算の不正は，架空の受給者を作ったり既に退職した社員に支給したり，給与合計表を改ざんしたり，様々な方法がありますが，その防止の基本は，計算担当者と支払担当者を分けることでしょう。お互いの仕事を通して誤りや不正がわかる仕事の分掌が最も重要です。

特にコンピュータを使用して作成された場合，無条件に出力資料が正しいと錯覚してしまう傾向があります。

❸　人事記録簿を管理する

どんなに小さな企業でも個人別に，採用から，昇給，異動等の人事に関する基本的な事項を記載した人事記録簿の作成・保管をお勧めします。責任者が常に正確性をチェックする基本となります。小規模企業の場合，責任者は社長となるでしょう。

❹　残業申請等の勤務報告書を責任者がチェックする

時間外手当についてはタイムカード・作業時間報告書等がそれぞれ作成され，給与計算の基礎資料となります。承認の手続を企業規模に応じて責任者を明確

にし，架空残業代の申請を未然に防ぐことです。

5　給与支給額の変動要因をチェックする

給与の内容には毎月変動のない固定的給与と毎月変動する変動的給与があります。月次での変動給与については，必ず，上司が確認することが必要です。特に時間外手当は重要でしょう。また，固定的な給与の更新時にも同様のことが言えます。

6　未渡給与の有無とフォロー

通常，未渡給与は生じないと思いますが，アルバイトへ現金渡しをしている場合には発生する可能性があります。その際には未渡しの残高管理簿を作成して残高が常に明確になるように検討すべきです。

現金で給与を支給する場合には，自筆で住所，氏名を書かせ，受領印をもらうべきでしょう。

未渡しが仮に3カ月以上残るような長期に及ぶ場合にはいったん戻入処理を行い現金を長期的に簿外管理させないことが肝要です。

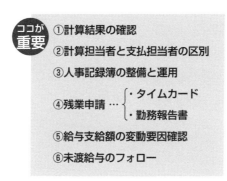

ココが重要
① 計算結果の確認
② 計算担当者と支払担当者の区別
③ 人事記録簿の整備と運用
④ 残業申請 … ・タイムカード ・勤務報告書
⑤ 給与支給額の変動要因確認
⑥ 未渡給与のフォロー

不正が起きた場合の事後処理

　事例では,金額的に僅少ですが,データそのものを改ざんするという意味で極めて悪質なものと考えられます。データ改ざんにより月9,000円（= 298,000 − 289,000）の過大支給をどのくらいの期間行ったかは不明ですが,過大に支給した給与は従業員にとって不当利得にあたり,会社はその過大となっている額を過去10年間分まで返還請求を行うことができます。

　当初のAの給与に係る会計処理（1カ月）は次のような仕訳がなされていました。

（給　　　　与）	298,000	（現 金 預 金）	289,750
		（預　　り　　金） （源 泉 所 得 税）	8,250

　本来の給与支給額での会計処理は以下のようになります。

（給　　　　与）	289,000	（現 金 預 金）	281,080
		（預　　り　　金） （源 泉 所 得 税）	7,920

　従業員からその過大相当部分の返還を受けたときは,会社は既に源泉徴収し納付した所得税額を過誤納金として,納付後5年以内のものに限り税務署長に対して還付請求をすることができます。

　したがって,会計処理としては,Aに対する未収入金8,670円（= 289,750 − 281,080）と立替金（源泉所得税分）330円（= 8,250 − 7,920）の修正処理をする必要があります。

（未 収 入 金）	8,670	（給　　　　与）	9,000
（立　替　金）	330		

　ただし,過去10年間分の過大相当部分の返還を受けたとしても,納付後6年目以降の5年間分の源泉所得税については時効により切り捨てられてしまうため,還付請求は行えません。事例の過大支給分が源泉所得税納付後6年以降

の場合には，全額Aから回収することとなります。

　なお，Aとの示談による返金が不能の場合には，従業員の不正に関する会計処理で損害賠償請求収入と横領損失計上することとなります。

（未　収　入　金）	×××	（損害賠償金収入）	×××
（横　領　損　失）	×××	（未　収　入　金）	×××

 労務上の留意点―解雇予告除外認定と就業規則

　懲戒解雇をするときに，まれに，就業規則に「懲戒解雇を行う場合は，事前に管轄労働基準監督署長の認定を受けなければならない」としている規定を見かけます。おそらく，このような規定は「解雇予告除外認定申請」と混同しているようで，手続上，解雇の予告を行えば，あらかじめ誰の認定を受けることなく，会社の裁量で解雇を行うことができます。就業規則をもう一度見直してみましょう。

Chapter 2　管理部門に関する不正事例

架空のアルバイトやパートを登録し，その給与分を横領した

　甲社の給与事務担当者C子は，10年以上，甲社の給与計算を任されていた。当初は生活態度も質素で真面目に業務を行っていたが，良からぬ付き合いが生じ，遊興費がかさむようになった。そして，架空のアルバイトを設定した給与計算を行うことで，その架空のアルバイト代を毎月5万5,000円，自分名義の口座へ振り込み，横領していた。この架空人件費の振込みは，3年11カ月に及び総額258万5,000円に及ぶことも発覚した。
　この事実は，甲社の税務調査の際に，調査官から指摘を受けたことにより判明したものである。

 不正を事前に防止する

　架空人件費を用いた不正は，よく報道でも見られる事件です。また毎月発生する経費なので繰り返し行われることが多く，それなりの金額となるので1回当たりが少額であろうとも見逃すことはできません。
　また，税務調査においても，重点的に調査される項目であり，仮に架空人件費が発見された場合には厳罰（重加算税）の対象になります。

❶　社員名簿，組織図の作成
　社内の社員名簿や組織図を作成し，各部署で働いている従業員の人数をチェックしたり，直接面談を行うことで実在性のチェックを行います。

❷　タイムカード，勤務表の確認
　常勤の従業員にもかかわらず，タイムカードがなかったり，他の従業員といつも同時刻に打刻されていたりという不自然な点がないかチェックをします。

3 アルバイトの申請と承認手続

アルバイトについては採用の申請に関して，氏名・住所のみならず，振込口座についても申請段階で本人確認をすべきでしょう。また，簡単な誓約書も必要でしょう。

不正が起きた場合の事後処理

事例の架空人件費は，通常の人件費として次のような会計処理がなされています。

　（雑　　　　給）　2,585,000　　（現　金　預　金）　2,585,000

しかし，その支出は甲社の業務に関連しないため，C子より返金を受けることとなります。

　（仮　　払　　金）　2,585,000　　（雑　　　　給）　2,585,000

C子との示談による返金が不能の場合には，従業員の不正に関する会計処理で損害賠償請求の場合により次の会計処理となります。

　（横　領　損　失）　2,585,000　　（仮　　払　　金）　2,585,000
　（未　収　入　金）　2,585,000　　（損害賠償金収入）　2,585,000

架空人件費は税務調査で判明しましたが，この不正行為による架空の損金額が甲社に対する重加算税の賦課対象になるかどうかが問題となります。

重加算税は，税額計算の基礎となるべき事実の全部又は一部を隠ぺいし，又は仮装して申告した場合に課せられます（国税通則法68①）が，その行為が法人の行為なのか，個人の行為なのかによって，重加算税賦課の取扱いが違ってきます。

税務の基本的考え方に実質所得者課税の原則があります。この原則は，所得が実質的に帰属する者に課税するという考え方です。そこで法人の役員や使用人の横領等の不法行為に関して，法人の行為と同視し得るかという問題が出て

きます。

　今回の場合もC子の行為が甲社の行為と同一視できると解釈される場合には重加算税の賦課対象となる可能性が生じてくるわけです。

　では，同一視できるかどうかはどのように判断されるのでしょうか。一般的には，当該不法行為の頻度（回数）が多いか，金額が多額であるか，不法行為の実施期間が長期間に及ぶか，さらに不正行為を防止できた可能性はどうか等により総合的に判断されると考えられます。

 労務上の留意点—解雇の予告

　労働者を解雇する手続については労働基準法で定められています。普通解雇でも懲戒解雇でも，原則として少なくとも30日前に解雇予告をするか又は30日分以上の平均賃金（解雇予告手当）を支払う必要があります。ただし，日々雇用する者（引き続き1カ月を超えて使用した者を除く），2カ月以内の期間を定めて雇用した者（所定の期間を超えて使用した者を除く），試用期間中の者（採用後14日を超えた者を除く）は予告期間を設けずに解雇してもよいとしています。

　懲戒解雇処分としたC子に対し，解雇予告を行う文例は以下の通りです。懲戒解雇通知書と合わせて記載してもよいでしょう。

【解雇予告通知書】

解雇予告通知書

平成○○年○月○日

C子　殿

甲株式会社
代表取締役　甲野　太郎

(例1：予告期間を設ける場合)
　就業規則第○条第○号の規定に基づき，あなたを，平成○○年○月○日付をもって懲戒解雇致しますのでその旨予告します。

(例2：即日解雇し予告手当を支払う場合)
　就業規則第○条第○号の規定に基づき，あなたを，本日懲戒解雇致します。
　なお，解雇予告手当として，○○○円を，平成○○年○月○日に，給与振込口座に振り込みます。
　計算の内訳は以下のとおりです。
　………………………

Case 21 架空の支払伝票を作成し，交通費等の精算を行った

　甲社の経理担当者 A は，入社以来，長年，経理畑を歩んでおり，大変真面目な仕事ぶりから，社長の信頼も厚かった。しかし，その真面目な性格が災いしたのか同僚に一度連れていかれた接待飲食店（キャバクラ）でC 子に夢中になり，C 子のもとへ何度も通うようになってしまった。そのサービス（同伴と閉店後のアフター）やそれに関する食事・タクシー代等につぎ込むようになり，ついには C 子との遊興費捻出のために架空の出張による交通費の支払伝票を作成する手口で現金を引き出し，着服するに至ってしまった。

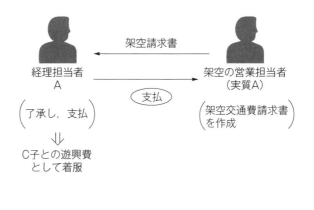

不正を事前に防止する

１　交通費の請求明細は，請求する本人に必ず作成させる

　交通費の支払伝票や請求明細は，その交通費を請求する本人に必ず作成させます。そして，本人が経理担当者から現金を受領する際には，必ず，本人に受領印を押させることを心掛けてください。営業担当者等は，受領印を面倒くさ

がって省略する傾向がありますが，支払伝票や請求明細も社内領収書として捉え，徹底する必要があります。

2 交通費の明細を上長が必ずチェックする

　人はどうしても魔がさすものです。不正を行ってしまうのは，経理担当者だけではありません。極端に言いますと交通費の請求を行う者すべてについて虚偽記載をし，不正受領する可能性が考えられます。この対策としては，上長が必ず目を通す仕組みを作ることです。その際には上長は特に金額が多額になっている場合や通常では考えられないような場所の明細が提出された場合には必ず本人に質問すべきです。

　交通費の中には電車代など領収書が取りにくいものがあります。しかし，極力，領収書を添付させることが肝要でしょう。

3 支払方法を工夫する

　交通費の精算を現金渡しではなく，振込支給することです。ただ，振込手数料も馬鹿にならないので，給与と一緒に支給するなどの工夫が必要でしょう。

4 回数券やクーポン券の利用

　交通費について不正が起こるのはやはり，現金で支出されることに起因します。そこで乗車区間や金額が明記されている回数券・クーポン券，また，履歴が残る IC カード（PASMO，Suica），車両の場合には ETC カードの利用などが有効です。ただし，回数券・クーポン券等は換金可能性があることに留意すべきでしょう。

5 立て替えた交通費は早期に決済する

　当然のこととは思いますが，立て替えた交通費を早期に決済するルールを徹底すべきでしょう。翌月 10 日くらいまでには，請求が出され，翌月の給与と同時に振り込まれれば事故が起こりにくくなると考えられます。

決済がルーズになりますと立替えについて従業員が請求を改ざんしたり，金額が不明になることも起こりやすくなります。最も怖いのは，経理担当者が，立替金精算がルーズであることを悪用して架空の請求を行うことが起こりやすくなることです。

早期精算の必要性は，交通費のみではなく，仮払金・立替金すべてに言えることです。

事例の甲社は，これらの防止策が機能しない結果，生ずるべくして，生じたものと考えられます。

① 請求明細の本人作成をルール化
② 上長チェック
③ 支払方法の工夫
④ 回数券，クーポン券の利用
⑤ 早期精算

 不正が起きた場合の事後処理

経理担当者Aの不正は，確信的不正であり，事情は別にして許されるものではありません。したがって，Aに対しては，損害賠償請求されるのが通常でしょう。

　（未　収　入　金）　　×××　　　　（損害賠償金収入）　　×××

しかし，長年まじめに勤めたAに対する処分であるため，経営者としても胸を痛めるものがあるでしょう。そこで温情的かもしれませんが損害賠償請求は行わずに円満退職させ，退職金と相殺させることにより，現実的な対応を行うのも一考でしょう。その際には以下のように，

　（退　職　金）　　×××　　　　（未　収　入　金）　　×××

退職所得控除の範囲内であれば所得税の源泉納付も生じないことになります。

労務上の留意点―懲戒解雇のリスク回避

　懲戒解雇や諭旨解雇の際，「解雇承諾書」を受け取っておくというのは，後に訴訟を起こされるリスクを軽減するための一つ有効な手段です。本来，解雇に際して従業員の承諾は当然必要ないのですが，解雇を承諾した旨を書面で残し，本人にサインを促すという手続の中で労使の話し合いが行われることにより，従業員が訴訟を起こす可能性は少なくなると言えます。

　また，「解雇承諾書」が無理でも，「退職届」は提出してもらうようにし，「退職することには同意している」という書面を残した方がよいでしょう。もちろん，退職理由は「懲戒解雇」等の事実を記載したものです。

Chapter 2 管理部門に関する不正事例

金銭出納帳を修正し,取引先へ実際に支払う金額と修正額との差額を横領した

経理担当者であったAは,文具や少額の消耗品を購入している取引先である甲社に対する2万1,525円の支払について,金銭出納帳と領収書を改ざんし,2万4,525円の支払として処理を行っていた。その際に,差額3,000円を横領していたのである。Aはおとなしい性格で普段もまじめに勤務しており,担当するのは少額な購入であったため,すべてを任せてしまっていた。また,甲社は手書きの市販の領収書を使用していたため,改ざんの余地が生じてしまったのであろう。

不正を事前に防止する

領収書を使った不正は,容易にできるため何の気なくやってしまう人もいますが,横領として不正行為になります。本事例のように,金額の数字を1→4へ書き直す(他にも3→8)手口や,横に数字を追加する手口,白紙の領収書をもらい自分で金額を記入する手口,一度精算に使った領収書を伝票から外して再度精算する手口など様々なケースがあります。

❶ 承認体制の確立

現金取扱者と経費精算申請書の承認者を別にすることは必須ですが,その経費精算申請書を承認する立場にある,経費精算者の仮払申請は,その他の上司,第三者の承認を受けるようにします。

ココが重要　従業員→承認者の承認
　　　　　承認者→上司や第三者の承認

2 領収書の確認

経費を精算する上で領収書の確認をするのは当然ですが，中には「領収書を紛失してしまった」と温情に訴えてくるケースも考えられます。しかしながら，領収書の添付を絶対条件にしなければ，このような処理が常態化する可能性があります。

3 現金出納帳への記帳は必ず，適時に行わせる

現金出納帳は現金の残高と帳簿残高が必ず，一致していることが大前提です。現金出納帳への記帳遅れや何日分かの一括記帳は不正の温床となりやすく，また，現金出納帳自体が改ざんされる悲惨な結末にもつながります。極端な場合，屑売却収入等の雑収入が除外されたり，架空経費が計上されて現金が抜き取られるということにもつながります。

どんな小規模の企業でも現金出納帳は基本ですのでしっかり記帳しましょう。

4 現金出納帳の残高チェック

定期的にはもちろん不定期にでも現金出納帳の残高と現金の現物が合致しているか確認することが必要です。現金出納帳の担当者にも必ず，毎日，金種別残高表を作成させてその日の残高を合わせることを習慣化させるとよいでしょう。

不定期にチェックされると担当者が疑われているように感じてしまうのではないかという懸念が生じるかもしれませんが，毎日，残高を確認している担当者にとっては逆に評価される要因ともなりますので，ほとんど抵抗は出ないことを付け加えておきます。

不正が起きた場合の事後処理

当初の消耗品に係る会計処理は次のような仕訳がなされていました。

（消　耗　品　費）　　24,525(注)　　　（現　　　　金）　　24,525

本来の消耗品費の会計処理は

（消　耗　品　費）　　21,525(注)　　　（現　　　　金）　　21,525

となります。

差額3,000円は本来，甲社の業務に関連するものでなく，次のような会計処理を行い，Aより返金を受けることとなります。

（未　収　入　金）　　　3,000　　　　（消　耗　品　費）　　 3,000(注)

（注）消費税は税込経理を前提としています。

労務上の留意点―退職後に不正が発覚したとき

在職中には不正が発覚せず，自己都合による退職後に不正が発覚し，調査の結果，懲戒解雇にも該当するような重大な内容だった場合，これから支給する退職金を不支給とすることができるか，という問題があります。この場合，退職金規程に「懲戒解雇した場合は退職金を支給しない」とあるだけでしたら，退職後であれば成立しませんので，退職金は支給しなければなりません。「自己都合退職した場合も，懲戒解雇事由に該当する行為があったことが判明した場合は退職金を支給しない」という規定があれば，この不正事由に該当するとして退職金を不支給とする取扱いができると言えます。

【退職金規程（例）】

> 第〇条　次の各号の1つに該当する場合，退職金の一部を減額するかないしは退職金を支給しないことがある。なお，すでに退職金が支給されている場合は，その全部又は一部の返還を求める。
> 　①　懲戒解雇されたとき

Case22 金銭出納帳を修正し，取引先へ実際に支払う金額と修正額との差額を横領した

② 諭旨解雇されたとき
③ 退職後，在職中の行為に懲戒解雇ないしは懲戒解雇に相当する行為が発見されたとき
④ 退職後，競業避止義務に違反したとき

Case 23 銀行に現金を持ち込んで入金するように見せかけ，元帳上も入金処理をするが，実際には現金を着服した

　経理担当者であったAは，銀行に現金5万円を入金するべく，キャッシュカードを持参して銀行へ向かった。

　しかし，Aは，現金5万円を入金せず，Aが個人的に費消する目的で一時的に無断で借用していた。Aとしてはすぐに戻すつもりであったため，元帳上では入金処理として会計処理がなされていた。しかし結局そのままにしていたため，結果として，月末の預金残高が合わなかった。そこで，社内調査を行った結果，Aの無断借用が判明した。

不正を事前に防止する

　当座預金や普通預金から現金を引き出し，簿外取引で行うことで着服する事例です。この場合，不自然に現金残高や仮払金残高やその他の資産残高が増加していきます。

　しかし，この事実に気づいたときには既に相当期間が経過しており，「わからない」「忘れてしまった」などということでごまかされ，そのまま資産がいびつな残高を構成することになったり，役員が責任を取ることになったりというようなことになりかねません。

　このような事態にならないように，次のような防止策を講じる必要があります。

1　定期的に残高のチェックを行う

　手許現金については，毎日の残高チェックが欠かせません。現金の管理ができていない会社は，このような不正を招きやすい環境となってしまいます。

　また，近年キャッシュカードやネットバンキングでの取引が行われるように

なり、通帳記入が行われず、本事例のような不正が生じやすくなっているといえます。そこで、定期的に通帳記入を義務づけることもしくはネットバンキングでの通帳形式の資料をアウトプットしておくことで、会社が常時預金残高を把握していることを従業員に知らしめることで、不正に対するけん制をすることができます。

2　キャッシュ・プルーフの活用

　キャッシュ・プルーフとは、1カ月分の預金取引に関する仕訳の借方と貸方の金額をそれぞれ合計し、その合計金額を当座勘定照合表や普通預金通帳等の預入金額、払出金額と比較する方法です。

　ここで差額が生じた原因は、未達取引や銀行側の自動引落であったりしますが、月末に銀行勘定調整表を作成すれば、そこで項目の照合が完了するはずです。それでも原因不明の金額に端数がない差額がある場合には、簿外での資金融通が行われた可能性があります。この場合には、一件一件その内容を確認する作業が必要となります。

3　キャッシュカード利用明細書や通帳への使途記入

　当座預金や普通預金から出金した場合、直後に利用明細を記入することで、その使途が明確になり、あとで「これは何に使ったかわからない」といった事態にならずに済みます。

　実務をやっていれば、昨日今日のことならともかく、1週間1カ月前の資金使途を覚えていることが難しくなってしまいますので、その場その場で記入する習慣をつけることが大事になります。

不正が起きた場合の事後処理

事例の会計処理は，次のように行われています。

（預　　　　金）　　50,000　　　（現　　　　金）　　50,000

実際には，現金をAが流用しているため，預金残高が過大となっています。したがって，過大な預金残高を減少させ，Aより返金を受けることとなります。

（未　収　入　金）　　50,000　　　（預　　　　金）　　50,000

労務上の留意点―退職金の返還請求

退職後に不正が発覚し，調査の結果，懲戒解雇にも該当するような重大な内容だった場合，支給した退職金を返還請求できるか，という問題があります。この場合も，退職金規程に「退職金の支給後に懲戒事由に該当する行為が判明した場合には，退職金の返還の請求ができる」とある場合には，返還を請求できます。

Case 24 会社で経費処理されない社員会費，組合費等を不正流用した

> 甲社は，従業員約200人の食品加工業であるが，親睦会費として従業員の給与から500円を徴収している。親睦会費は合計で年間100万円超となるが，これに対して収支報告はまともにされていなかった。そこで，ノーチェックであることに目をつけた親睦会費管理責任者である経理担当者Aは，親睦会費が管理されている口座から預金を不正に引き出すことを繰り返した。被害総額は180万円に上る。着服した現金は，すべて，自分の遊興費に使っていた。また，銀行届出印鑑の管理もAが保管していた事実があった。

 不正を事前に防止する

企業では社員の慶弔のためや社員旅行のために親睦会費などの名目で給料から天引きしているところもあります。経費処理されないものについてはチェックが行き届かず不正が起こりやすいと言えますので，以下のような防止策が必要となります。

1 担当者を一人にしない

一人で処理や承認などできる領域では不正のリスクが非常に高く，この事例においても親睦会の運営責任者は総務部長であったものの，一人の経理担当者である社員が会費の管理や事務処理を行っていたことが不正の誘因となったと言えます。中小の企業などでは難しいことですが，一定の業務を一人の社員の支配下に置かないような仕組みを作ることが重要です。

2 収支報告の作成

社員会や組合等では，徴収された会費等について，年に一度，収支報告がなされているのが一般的ですが，身内意識から，ついついルーズになっているケースも稀に見受けられます。たとえ，徴収する金額がどんなに低額であっても年単位であると多額になりますので収支報告書の作成と承認，全社員への報告が必須であることは言うまでもありません。

3 類似事例

同様のケースとして不正が多いのが従業員の社内預金の不正着服です。それが経費に計上されていれば比較的，発見されやすいのですが，負債を減らす不正は一般的に発見が遅れる傾向があります。しかも会社の財務に直接関係しない従業員預り金は不正が起こりやすいと言えます。

そこで社内預金については定期的に（毎月など）各従業員に残高を通知し，確認させることが一番の解決でしょう。

 不正が起きた場合の事後処理

親睦会は，あくまでも会社から独立した任意団体です。したがって，その会計責任者は，任意組合の構成員の中から選ばれ会計責任者として行うべきものです。事例では，その会計責任者が経理部員 A でした。

問題は，A が経理担当者であるという点です。A は職制上，甲社の会計処理・資金管理も兼務しているため，A の不正について会社に管理責任が全くないのか親睦会の構成員からは疑問が出てくる可能性があります。もし，会社が責任を取る場合には，負担した損失の計上と同時に A に対する損害賠償請求の処理を行うことになります。

|（横 領 損 失）| ××× |（現　預　金）| ××× |
|（未 収 入 金）| ××× |（損害賠償金収入）| ××× |

Case24 会社で経費処理されない社員会費，組合費等を不正流用した

 労務上の留意点

  「従業員の横領問題」

Chapter 2 管理部門に関する不正事例

架空取引先口座を開き,資金を流用した

　甲社は,全社的なシステム構築を行うために苦慮しているところであった。特に社長はITに弱く,すべて経理担当者Aに任せっぱなしであった。そこでAは,自分の遊興費欲しさに,システム構築に必要であるとして,架空のコンサル会社乙社（代表取締役はAの友人B）と契約を結ばせ,架空取引口座（名義は屋号のみで,実質Aの口座）を開設し,自分のパソコンで作成した請求書をもとに,毎月3万3,000円をその口座へ業務委託料として振り込んでいたことが判明した。

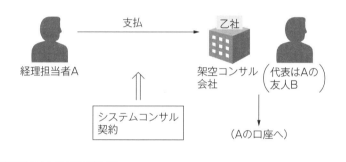

 不正を事前に防止する

　事例のような本人の架空口座への資金流用による着服を防止する対策としては,次のようなことが考えられます。

1　コンサル契約の事前吟味と取引先の信用調査を行う

　今回の失敗は,すべて一担当者に任せきりで,相手先の選定や契約内容についても事前に承認し,必要であれば信用調査を行うべきであったかもしれません。企業全体の重要契約については,経営者は目を通すことが普通ですが,小

さな契約についても事前に内容の報告だけは行わせるようにすべきでしょう。

契約の捺印についてはすべて経営者の承認を必要とする仕組みも重要です。

2 各請求書の内容を精査する

取引先が多くなると、支払先をすべて把握することは難しくなることもあります。「経費削減」をどの企業も意識する時代ですので、そのための取引先の内容の把握は必要不可欠と言えます。

3 担当者を一人にしない

一人で処理や承認などできる領域では不正のリスクが非常に高く、一人の社員が管理や事務処理を行っていたことが不正の誘因となったと言えます。中小企業などでは難しいことではありますが、一定の業務を一人の社員の支配下に置かないような仕組みを作ることが重要です。

4 業務のローテーション

ここでも重要なのが、業務のローテーションです。中小の企業では一つの業務に一人でかつ長期間業務を任せることが一般的ですが、一定の業務を長期間行わせず定期的に担当業務を変えるべきです。

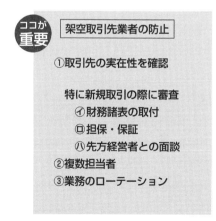

不正が起きた場合の事後処理

事例では,実体のないコンサルタント費用(業務委託費)が次のように会計処理されています(月次の会計処理)。

(業 務 委 託 費)　　33,000(注)　　(現 金 預 金)　　33,000

実際には,コンサルの実体がなく,Aがその現金を着服しているので,業務委託費を取り消して,Aから返金を受けることとなります。

(未 収 入 金)　　33,000　　(業 務 委 託 費)　　33,000(注)

Aからの返金時に以下の処理を行います。

(現　　　　　金)　　33,000　　(未 収 入 金)　　33,000

(注)消費税は税込経理を前提としています。

(参考判例　従業員の仮装隠ぺい行為を法人の行為と判断　大阪高判平 13.7.26)

パチンコ・ゲーム店を経営している法人の従業員が売上除外等の不正経理により横領を行ったことが発覚した。この従業員が売上除外等の不正経理で行った横領による損失が当期の所得を減算できる損金に該当するのかどうかが争われた。

不法行為の被害者が損害発生により,ただちに損害賠償請求権を認識できるとは限らないこと,たとえ認識できたとしても実際には権利行使ができず,加害者はおおむね無資力であって損害賠償請求権が履行されることは稀であると主張した。また,役員や幹部社員と言えない経理担当の従業員が,法人税基本通達2-1-43でいう「他の者」に該当することは明らかであるため,損害賠償請求の起因となった横領による損失は,損害の発生時点で損金算入することに問題ないとも主張した。

従業員による横領金が高級商品の購入等に使われ,その回収が困難であることが客観的に明らかになったのはその後の民事裁判や警察の捜査の結果からで,従業員に対する損害賠償請求権が本件の事業年度において回収不能であることが明らかとは言えないし,損害賠償請求権を所得に加算すべきとした。

また,従業員が法人の重要な経理帳簿の作成をほぼすべて任されており,チェック機能が働いていなかったことから,法人税基本通達2-1-43でいう「他の者」には

該当せず，従業員の行為が法人の処理とされるのは致し方のない状況であったとした。

労務上の留意点—身元保証

　入社時に「身元保証書」を提出させる会社は多いと思いますが，身元保証には，従業員としての適格性を有するという人物保証の機能と，会社に対し損害を発生させた場合にその損害を補てんするという金銭賠償の機能があります。身元保証人の要件は，まず金銭賠償機能を念頭に置き，「経済的に独立した者」とした上で，冷静な話合いができる相手という点で念のため「2名」とし，「会社が適当と認めた者」としておくことが適切です。この場合，1名を父母兄弟又はこれに代わる親近者とするのが通常です。

Chapter 2　管理部門に関する不正事例

 経理責任者と現金出納係が共謀し，偽りの金銭出納帳を作成して現金を横領した

　経理責任者Aは，普段から勤務態度が真面目であり，社長からの信任も厚かった。Aは新卒で入ってきたC子に信頼を置き，教育も兼ねて，現金出納係を任せていた。その後，C子は，Aと特別な関係になり，二人の遊興費のために共謀して偽りの金銭出納帳を作成し現金を着服した。Aは妻子もあり，生活費でほとんど余裕がなかったことも起因し，C子が実行してしまったようである。

不正を事前に防止する

　複数の社員が共謀して行う不正は，単独で行う不正に比べ，大規模かつ複雑になってきます。そこで，共謀して行う不正に対しては以下のような防止策が考えられます。

❶　業務のローテーション

　ここでも重要なのが，業務のローテーションです。中小の企業では一つの業務に一人かつ長期間業務を任せることが一般的ですが，一定の業務を長期間行わせず定期的に担当業務を変えるべきです。

❷　取引記録は複数者で行う

　例えば，現金出納帳と売掛帳は別の人間が記録チェックをするなどして，相互にチェックする仕組み作りが必要となります。

❸　不定期にチェックを行う

　現金出納帳は本来，できれば毎日，できない場合には定期的に残高を現物と

突合するなど確認が必要ですが，時として，不定期に現状を確認することも非常に有効でしょう。やるぞというポーズだけでも有効な内部けん制になります。

❹ 現金出納帳への記帳が何日分まとめて行われていないのか確認する

現金出納帳は，第一義的に日々の現金残高と帳簿残高が合致していることを確認するための帳簿です。したがって，記帳遅れがあったのでは何の意味もなさないことになります。仮にまとめて記入し，残高が合わなかった場合には，無理やり合わせることにより，結果として，その差額を使った不正の原因を作ることにもなります。現金と預金だけは，何よりも先に記帳させることが重要でしょう。お金は会社の命ですから。

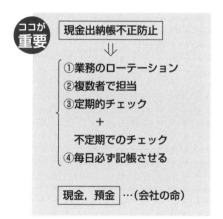

 不正が起きた場合の事後処理

経理責任者 A と経理部員 C 子の共謀ですが，責任は圧倒的に A にあると感じるのが一般的でしょう。さて，どのように責任を取らせるのかは別にして，確信的な不正であることは間違いないので当然，両名（又は A）に対して損害賠償請求をすることになります。

問題は横領額についてどこまで解明できるかという点です。金額を明確にしなければ損害賠償を行う金額も確定できないからです。偽りの金銭出納帳の中身を解明し，効率的に金額を確定させるためにも当事者である両名に説明させ，二重帳簿という不正について，事の重大性を改めて反省させるべきでしょう。

（未　収　入　金）　　　×××　　　　　（損害賠償金収入）　　×××

労務上の留意点—身元保証

　従業員の不正行為によって使用者が受ける損害を賠償することを，第三者にも連帯して約束してもらうため，「身元保証書」を入社時に提出させる会社は多いと思いますが，身元保証契約は，期間の定めがない場合は3年（商工業見習い者については5年），期間を定める場合も5年を超えることはできません（「身元保証に関する法律」）。よって期間を定めるのであれば，最長期間である「5年」と明記して，「会社が特に必要と認めた場合，その身元保証の期間の更新を求めることがある」としておくのが適切です。

　また，金銭を取り扱う部署に異動になった時に，新たに身元保証契約を契約する方法もあります。いずれにしろ，就業規則にその旨，記載しておく必要があります。

【身元保証（例）】

> 第〇条　会社は，従業員が入社するにあたり身元保証書の提出を命ずる。再三の督促にもかかわらず身元保証書を提出しない場合には，採用内定を取り消し，または，本採用を拒否することがある。
> （2）身元保証人は2名とし，原則として，2名のうち1名は親権者または親族人とする。
> （3）会社は，従業員に対し身元保証書の更新を求めることがある。その場合には，従業員は，身元保証人の承諾を得るように努めなければならない。
> （4）会社は，従業員に対し，従業員の職務の変更により必要あると認めるときは，

身元保証書の変更，或いは新たに身元保証書の提出を求めることがある。その場合には，従業員は身元保証人の承諾を得るように努めなければならない。

【「身元保証に関する法律」概要】

1　身元保証契約は，期間の定めのない場合は3年（商工業見習者の身元保証契約については5年）
2　期間を定めた場合でも，5年をこえることはできない。5年より長い期間を定めた場合は5年に短縮する。
3　契約期間を更新することはできるが，更新の時より5年を超えることはできない。
4　使用者は，次の場合に遅滞なく身元保証人に通知しなければならない。
　・被用者に業務上不適任又は不誠実な事跡があって，このために身元保証人の責任問題を引き起こす恐れがあることを知ったとき
　・被用者の任務または任地を変更し，このために身元保証人の責任を加えて重くし，またはその監督を困難にするとき
5　裁判所は，身元保証人の損害賠償の責任及びその金額を定めるとき，被用者の監督に関する使用者の過失の有無，身元保証人が身元保証をするに至った事由及びそれをするときにした注意の程度，被用者の任務または身上の変化その他一切の事情をあれこれ照らし合わせて取捨する。
6　本法の規定に反する特約で身元保証人に不利益なものは，すべてこれを無効とする。

経理担当者が遊休口座を利用し，預金を引き出して着服していた

　甲社は，金融機関との友好的な関係を築くために設立当初より，各金融機関の要請に応じて口座開設に積極的に協力してきた。その結果，遊休口座を含めて，多数の口座を持つ結果となった。そこで経理担当者Aは，チェックが行き届いていない遊休口座を利用して，不正に預金を引き出し着服していたのである。被害総額は調査中である。Aがなぜ，不正を行ってしまったのかは，現在調査中であるが，銀行とのやり取りをほとんどAに任せっぱなしであったことは大いに反省している。また，Aの素行についても気にも留めていなかったのが事実であり，中小企業としては反省点が多いと感じている。

 不正を事前に防止する

　防止策としては，使用していない遊休口座を解約することに尽きますが，その他以下のような防止策が考えられます。

1　資金計画を立てる

　事業をしていく上で，銀行との付き合いのためなど金融機関との取引が拡大していくことがありますが，取引口座が多くなるとその分，事務負担も増え，不正も起こりやすい環境となってしまいます。そこで，よく資金調達計画など事前に計画し，効率的かつ合理的に事業を進めることが重要です。

2　振込担当者や資金調達担当者を一人にしない

　特に資金調達を行う場合などは，担当者を一人にすると他の者は誰もわからないという状態になってしまうので，不正の未然防止はもちろん，企業経営の

観点からも望ましいものではありません。

3 当座預金については毎月末ないしは定期的に預金残高調整表を作成している

　当座預金については，振出小切手が未取付けとなったり，未入金の取立小切手が当座預金に組み入れていなかったことなどに起因して帳簿残高と銀行残高の不一致が生じてきます。そこで毎月末に当座預金残高調整表を作成して帳簿残高と預金残高を合わせておくことが必要です。

4 運転資金の確保が十分なされているのに銀行間の資金振替えが頻繁に行われていないか

　資金移動のための口座間振替えがあまりにも多くなってきた場合には担当者にその理由を確かめるべきです。もし，妥当な理由がなければ，不正ないしは，銀行からの働きかけ等を疑うべきでしょう。

5 メイン銀行の重要性を認識する

　取引銀行の数が増えると，それに伴って事務コストが増加したり資金効率が落ちたりといったことになりますが，最も影響が大きいのはメイン銀行の地位が希薄になることです。

　中小企業は常に資金的環境の厳しさにさらされています。その状況を乗り切っていくためには資金の状況がどうであろうとメイン銀行を明確にしておくことが重要です。銀行もメインであれば逆に手荒なことはできません。銀行は最大のパートナーでありますが，あくまでもビジネスパートナーであることをよく理解しておくべきでしょう。

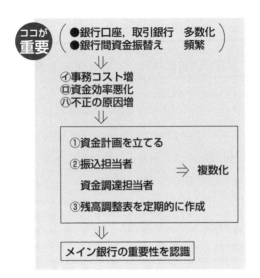

不正が起きた場合の事後処理

このケースも確信犯的な不正でしょう。当然，Aに対して損害賠償請求を行うことになります。

問題は，預金の引き出しをした際に会計処理を行ったのかどうか。また，会計処理を行ったのであれば相手勘定科目を明確にする必要があります。なぜならば，実際に行われた処理がわからなければ，事後処理の方法も検討できないからです。

処理が不明であった場合は，現実に預金が引き出され，損失が発生していますので，横領損失を計上するのと同時に同額をAに対する損害賠償収入として計上することになります。

| （横 領 損 失） | ××× | （現 預 金） | ××× |
| （未 収 入 金） | ××× | （損害賠償収入） | ××× |

労務上の留意点——出勤停止

　懲戒処分としての「出勤停止」の期間については，通常，労働者の責めに帰すべき事由があって労務提供がなされないのですから，賃金を支給しないのが普通です。ただし，出勤停止期間を長期に規定すると，その後に懲戒解雇処分にすることが難しくなります。つまり，裁判になった際に，長期間の出勤停止は，懲戒解雇の適用を避ける趣旨で定められたものであると解釈され，その後の懲戒解雇の正当性が認められなくなる可能性があるということです。

　Aに対し出勤停止処分をした場合の通知書の例は以下の通りです。

【出勤停止処分通知書】

　　　　　　　　　　　　　　　　　　　　　　　　　平成〇〇年〇月〇日

　　　　A　殿

　　　　　　　　　　　　　　　　　　甲株式会社．

　　　　　　　　　　　　　　　　　　　代表取締役　甲野　太郎

　貴殿に対し，次のとおり処分することを通知する。

1　処分内容

　就業規則第〇条第〇号により，平成〇〇年〇月〇日〜平成〇〇年〇月〇日までの〇日間の出勤停止処分とする。

2　処分理由

　貴殿は，平成〇〇年〇月〇日，B銀行C支店の銀行口座を不正に利用し，現金〇〇円を着服した。……

　よって，貴殿の行った行為は，就業規則第〇条第〇号に該当し，就業規則第〇条により貴殿を出勤停止処分とする。

Chapter 3 購買部門に関する不正事例

購買部門に関する不正事例
Purchasing department

Case 28　会社資材の端材を業者に売却し，その代金を私的に流用した

　建築資材を取り扱う甲社は，倉庫管理担当者Aを通じて端材やプラスチック等のスクラップについてその個人事業者であるBに売却処分を行っていた。売却代金は，BからAに現金で渡されていたが，数回に一度は，Aは甲社経理部に報告せずに横領していた。

　甲社における領収書管理はゆるく，市販の領収書が使用され，連番管理がなされていなかった。

　また，個人事業者Bは領収書の授受について，求めないこともあった。

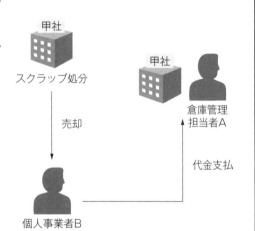

不正を事前に防止する

　資材などを扱う法人では，端材やプラスチックなどの作業くずが発生し，これを業者に売却することが通常とされています。この事例では，倉庫管理者A

一人がこの売却業務を担っていたことがこの不正が行われた一番の要因です。次のような防止策が考えられます。

1　受払記録制度と実地棚卸しの実施

　基本的なことではありますが，帳簿によって現物の受払を行い，定期的に実地棚卸しを行い，差異があればその原因を追究することが重要です。

2　受払記録者と製品管理者を分離する

　例えば，現物を社外に持ち出したとしても，受払記録においても払い出した旨を記録すれば両者は一致するため，記録者と製品管理者は分け，毎月，総勘定元帳と照合することが必要です。

3　定期的・計画的な売却処分

　事例のような不正は，不定期に作業くずの売却が行われる場合に，行われることが多いと考えられます。そのため，例えば毎月末などに定期的に売却を実施し，その内容を記録・報告することが必要と考えられます。報告については必ず事前に作業くずの内容・処分予定額等を上げさせ，経営者や経理担当者などが決済する仕組みがよいでしょう。

4　税務調査では必ず調査される項目であることを認知させる

　通常，税務調査においては，材料・作業くず等の代金を除外していないか厳密に調査されます。それは，不正の温床であり，また，所得隠しの手法として利用されることが多いからです。売却先への反面調査や他社への税務調査等を通じて国税当局が入手している取引情報を使って，売却代金の検証を必ず行います。そこで，税務調査の対象項目になることを社員に周知徹底させることにより，間接的な内部けん制となるでしょう。

5 領収書の管理

現金の入金があった場合には，必ず領収書を作成する必要があります。また，連番管理をし，取引にもれが生じることを防ぐ必要があります。

①受払記録制度と実地棚卸しの実施
②受払記録者と製品管理者区分
③定期的，計画的な処分
④税務調査での重要調査事項と周知させる

 不正が起きた場合の事後処理

端材やスクラップは，通常の棚卸資産と異なり受払管理をしない場合が多く見受けられます。

Aが横領していたスクラップ売却収入は，本来，次の会計処理がなされるべきでした。

（現 金 預 金）	×××	（雑　　収　　入）	×××
		（仮 受 消 費 税）	×××

現金預金は，Aが横領しているため，次のような会計処理を行い，Aからの返金を受けることとなります。

（未 収 入 金）	×××	（雑　　収　　入）(注)	×××
		（仮 受 消 費 税）	×××

（注）　この雑収入はあくまでも，スクラップの売却を甲社の行為としていることを前提としています。甲社にスクラップ売却の意思がなく，Aが個人的に売却した場合には，貸方科目は損害賠償金収入となり消費税は対象外となります。

労務上の留意点—給与の自主的返上

　多額の損害賠償額を返済する場合に，不正が発覚した従業員の給与からの返済という方法が考えられます。この場合，その従業員から「損害賠償として給与の一部を辞退します」との念書を提出し，それに会社が応じて減給する方法をとりますが，「念書の作成が従業員の自由な意思」に基づく場合であれば，賃金請求権の放棄は本人の自由ですから問題はないとされています。ただし，後から自由な意思に基づいて書かれたことを会社が立証するのは難しいところだと思いますので，慎重に手続を進める必要があります。

Chapter 3 購買部門に関する不正事例

少額資産が資産計上されないことを悪用し，私的な物品を購入した

　甲社は，顧問乙会計事務所から，消耗品費が最近数カ月にわたって多額に計上されているとの指摘を受け，総務管理の消耗品支出内容を調査した。調査の結果，消耗品管理を行っているAが，定期的に，会社業務に関連しない物品を購入し，横領していた事実が判明した。甲社では，10万円未満の少額資産は，現物管理をせず，購入時に消耗品費としていた。10万円未満の少額資産の購入依頼を各部署で作成し，Aが一人で内容承認，発注管理する仕組みとなっていた。これらの横領金額は432万円であった。

 不正を事前に防止する

　10万円を超える資産は，資産台帳等で管理し，その実態を把握している場合が通常ですが，少額資産や消耗品等は購入時に費用化するため，現物管理がおろそかになる場合が多く見受けられます。厳密にすべての少額資産や消耗品を現物管理するという管理方法もありますが，管理の手間等から現実的ではありません。
　防止策としては，次のような方法があります。

❶　発注者と承認者とを別々の人とする

　少人数の中小企業では，職務の分掌には限界があると言われます。しかし，複数体制にすることは，最低限必要でしょう。今回の場合，購入依頼者，発注者，承認者がすべてAであったことがこの不正が生じた原因の一つです。少なくとも承認者は別の人にすべきでした。

2 価格が高額なもの及び換金しやすいものは個別管理を行う

会計上，消耗品費として処理した場合でも，1個5万円以上のものや，パソコンの周辺機器のように中古市場があり換金しやすいものは，管理台帳により現物管理を行う必要があるでしょう。

3 ビジネスとプライベートの区別を持つような組織風土を作る

少額資産，消耗品の持出しをしてしまう事件が起こることは，公私の区別があいまいな組織風土に起因するものがあるのかもしれません。会社の電話を私用に使っていないか，交際費にある会食費の中に私用に近いものはないか等々，組織としてその区別を意識しているという風土作りが必要です。そのためには，社長自らが率先してその意識を持つ必要があるでしょう。

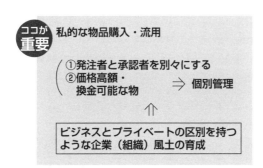

! 不正が起きた場合の事後処理

横領された少額資産・消耗品について，次のような会計処理がなされていました。

（消　耗　品　費）　4,200,000(注)　　（現　金　預　金）　4,200,000

これらの取引は，甲社の業務とは関連がなく，A個人に帰属するものであるため，本来は，次のような会計処理がなされるべきでした。

（未　収　入　金）　4,200,000　　　　（現　金　預　金）　4,200,000

したがって，会計上は次のような修正処理が必要となります。
（未　収　入　金）　　4,200,000　　　　（消　耗　品　費）　　4,200,000
（注）消費税は税込経理を前提としています。

なお，未収入金の処理については，Ａに対する処分と経営判断により，検討することとなります。

労務上の留意点—解雇予告除外認定

労働者を解雇する場合には，解雇の予告手続を行いますが，「労働者の責に帰すべき事由」に基づいて解雇する場合は，所轄労働基準監督署長の認定を事前に受けることにより，解雇予告又は解雇予告手当の支払なくして解雇できます。この「労働者の責に帰すべき事由」には，極めて軽微なものを除く職場内での盗取，横領，傷害など刑法犯に該当する行為も含まれていますので，従業員の横領などは即時解雇の対象にはなりますが，その場合も所轄労働基準監督署長の認定を事前に受けることが必要になります。

解雇予告除外認定が認められる「労働者の責めに帰すべき事由」とは，行政通達により，「労働者の故意，過失又はこれと同視すべき事由であるが，判定に当たっては，労働者の地位，職責，継続勤務年限，勤務状況等を考慮の上，総合的に判断すべきであり，「労働者の責めに帰すべき事由」が，労働基準法第20条（解雇予告）の保護を与える必要のない程度に重大又は悪質なものであり，30日前に解雇の予告をすることが，当該事由と比較して均衡を失するようなものに限って認定すべきものである」とされています（昭23.11.11　基発1637号，昭31.3.1　基発111号）。

【労働者の責めに帰すべき事由】

① 原則として極めて軽微なものを除き，事業場内における盗取，横領，傷害等刑法犯に該当する行為のあった場合，また，一般的にみて「極めて軽微」な事案であっ

ても，使用者があらかじめ不祥事件の防止について諸種の手段を講じていたことが客観的に認められ，しかもなお，労働者が継続的に又は断続的に盗取，横領，傷害等の刑法又はこれに類する行為を行った場合，あるいは事業場外で行われた盗取，横領，傷害等刑法犯に該当する行為であっても，それが著しく当該事業場の名誉もしくは信用を失墜するもの，取引関係に悪影響を与えるもの又は労使間の信頼関係を喪失せしめるものと認められる場合

② 賭博，風紀紊乱等により職場規律を乱し，他の労働者に悪影響を及ぼす場合。また，これらの行為が事業場外で行われた場合であっても，それが著しく当該事業場の名誉もしくは信用を失墜するもの，取引関係に悪影響を与えるもの又は労使間の信頼関係を喪失せしめるものと認められる場合

③ 雇い入れの際の採用条件の要素となるような経歴を詐称した場合及び雇い入れの際，使用者の行う調査に対し，不採用の原因となるような経歴を詐称した場合

④ 他の事業所へ転職した場合

⑤ 原則として2週間以上正当な理由なく無断欠勤し，出勤の督促に応じない場合

⑥ 出勤不良又は出欠常ならず，数回にわたって注意を受けても改めない場合

Chapter 3 購買部門に関する不正事例

受払管理されていない在庫を売却し，私的に流用した

物品販売業を営む甲社では，仕入先から，新製品，販売強化商品やサンプル商品が無償提供されていることが多々あった。これらの商品については仕入価格がゼロということもあり，あえて，受払管理はされていなかった。そこで営業課長 A は，受払管理がされていないことを悪用し，友人 B に商品（通常売価：320円）450個を10万円で売却，着服していた。

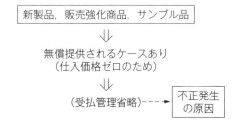

 不正を事前に防止する

棚卸資産は，その管理上減耗処理等がなされると，たとえ実地棚卸しを行ったとしてもその対象とはなっていないので，不正が見つかりにくいと言えます。そこで，以下のような防止策が有効です。

1 受払制度の確立

棚卸資産の入庫時や出庫時の管理を徹底し，現物と棚卸表との直接的な連動性を確認する仕組みを作ります。

2 複数の担当者で管理を行う

受払制度が確立されても一人の下で管理されると，また不正が起こってしま

う危険があるので，一人で処理や承認を行うことはせず，複数で業務を分担します。

3 仕入業者等に見本品等の無償贈与支給の有無を事前連絡させる

仕入業者等に事前に経営者や経理担当者から，「見本品贈与の場合には必ず連絡をしていただきたい」旨を普段よりお願いしておき，仕入業者に周知徹底させておくとよいでしょう。たとえ，連絡が漏れたとしても営業担当者や倉庫管理者への内部けん制になります。何事もアクションが重要です。

> **ココが重要**
> ① 受払制度の確立
> ② 複数担当者管理
> ③ 仕入業者等に無償支給の有無を事前連絡させる

❗ 不正が起きた場合の事後処理

仕入先からのサンプル品は，販促用に使うため，通常品とは区別して管理されている場合が多く見受けられます。

事例は，無償であるため，管理がゆるいところから不正が発生してしまったものです。売却収入は，本来，甲社に帰属するものですので，Aが不当に得た10万円を返還請求することとなります。ただ，サンプル品を売却した行為がAの個人的なものなのか，あるいは，甲社の行為とみなせるのかにより，会計処理は異なってきます。

Aが単なる従業員であり，会社の意思決定に関与するような立場でなければ，Aへの損害賠償としての会計処理となります。

(未 収 入 金) (Aに対する)	100,000	(損害賠償金収入)	100,000

表見的あるいは実質的に，Aが会社の意思決定に関与するような立場の場合

には，会社が売却したような会計処理となります。

$\begin{pmatrix}未 収 入 金\\(A に 対 す る)\end{pmatrix}$　100,000　　　（雑　収　入）　100,000(注)

（注）消費税は税込経理を前提としています。

労務上の留意点

ここを参照 「懲戒規定のポイント」

Case31 仕入先からのリベートを会社に報告せずに着服した

建材メーカー甲社の購買課長であったA氏は、仕入先乙社より、木材単価2,000円の材料について、値上げ要求をされた。その際、5％のリベートを現金にて支払うことを条件に単価2,200円への値上げを承諾した。しかし、Aは、乙社からのリベート取引について一切報告せず、その後、現金で受領したリベートを横領し、消費者金融の返済原資に充てていた。税務調査により、事実が発覚したときには6カ月が経過し、総額320万円となっていた。

不正を事前に防止する

従業員が会社の取引を通じてリベートを着服する不正は、発生しやすく発見が困難であると言われています。事例のようなリベートの横領を防止する対策として、以下のようなことが考えられます。

1 材料仕入れの際の調達価格を、常に確認する体制を作る

調達価格の変動を確認することは、不正防止に加え、資金管理においても意義があると考えられます。

2 支払方法をチェックする体制を作る

支払方法の変更があった際には、担当者への確認や先方への確認をする体制を作ることで、不正を未然に防止できると考えられます。

3 購買の管理を複数人で行う

購買の管理を一人に集約させないことで、従業員間で正常な業務を行えてい

4 現金回収であった先が手形に切り替えられていないか

　仕入業者にとっては，売掛債権を速やかに回収することが求められているため，支払サイトの短縮の要請や手形払いから，現金払いへの変更等，購買担当者に対して，アプローチしてくることが想定されます。それが飲食の接待であったり，ゴルフの接待であったり，極端に言えば，金品の供与も想定されます。したがって，回収条件や回収方法が変更された際には，十分注意を払う必要があります。

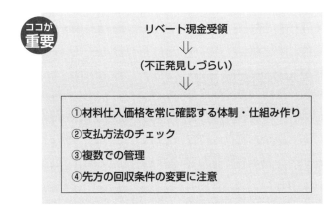

❗ 不正が起きた場合の事後処理

　購入した棚卸資産に係る仕入割戻しの金額の計上時期は次のような取扱いになっています。
　①仕入割戻しの算定基準が購入価額や数量に基づき，それらの算定基準が契約などにより明示されている場合には，購入日が属する事業年度に計上する。
　②①に該当しない場合には，仕入割戻しの金額の通知を受けた日の属する事

業年度に計上する。

事例のリベートは、上記の①と②のいずれであるかは不明ですが、既に現金で320万円が乙社より支払われているので、本来であれば、次のような会計処理がなされるべきでした。

（現　金　預　金）　3,200,000　　　（仕　　　　　入）　3,200,000(注)

しかし、現金預金はAが着服してしまったため、Aに対する未収入金として次の会計処理を計上する必要があります。

（未　収　入　金）　3,200,000　　　（仕　　　　　入）　3,200,000(注)

Aとの示談による返金が不能の場合には、従業員の不正に関する会計処理で横領損失と損害賠償請求収入を計上することとなります。

（横　領　損　失）　3,200,000　　　（未　収　入　金）　3,200,000
（未　収　入　金）　3,200,000　　　（損害賠償金収入）　3,200,000

（注）消費税は税込経理を前提としています。

 労務上の留意点

 「給与の自主的返上」

Chapter 3　購買部門に関する不正事例

倉庫管理担当者が商品を窃取した

　甲社の倉庫管理担当者であるAは，商品を倉庫から持ち出す際，在庫表には出庫として記帳しないまま得意先乙社の仕入担当者Bに売却し，現金で代金を受け取っていた。在庫表上には紛失扱い（減耗処理）で計上していた。Aは発覚を恐れて，複数の商品を少量で長年にわたって持ち出し，同様の手口を繰り返した結果，売価総額360万円相当の被害額となっていた。Aは大変真面目な勤務態度の人間であったため，上司も紛失扱い（減耗処理）について全く疑いを持たなかった。

不正を事前に防止する

　無断で棚卸資産を持ち出し，減耗処理を行ってしまうと，その減耗処理したものについては実地棚卸しの対象とはなってこないので，不正が見つかりにくいと言えます。
　そこで，以下のような防止策が有効と考えられます。

❶　受払制度の確立
　棚卸資産の入庫時や出庫時の管理を徹底し，現物と棚卸表との直接的な連動性を確認します。そのためにも基本的なルールが必要です。また，劣化品の処分についても現場担当者が自由に行えるようになっていると不正の温床になり

やすいので，管理部門が立ち会うなどルールの徹底が必要となります。

2　複数の担当者でシステム管理を行う

　一人でシステムの処理や承認を行うことはせず，複数で業務を分担させます。また，定期的に担当替えを行うことが必要でしょう。しかし，一人で業務をこなさなければならないのが中小企業の現状ですので，重要性に応じて，承認を社長が行うべきでしょう。特に不良品の発生は企業にとって重要な問題ですので，社長自身が把握することが肝要です。社長自らの目で確認し，その内容をチェックすることに意義があります。

3　従業員全体の規律を高める

　複数の担当者を持つことは，中小企業にとっては現実的に難しいでしょう。その背景の中で，従業員全体の不正を防止するためには，こつこつと従業員全体の規律やモラルを高めるための教育を行うことが一番の早道かもしれません。

4　従業員の私生活のチェック

　事例では明らかになっていませんが，不正に至るのは余程の屈折した人間性や病気以外には，何らかの理由による金銭的困窮がすべてでしょう。麻雀やパチンコから女性関係までその原因は様々でしょうが，必ず，私生活面や生活態度に現れてくるはずです。男性の場合にはストレートに生活のリズムに出てきやすく，女性の場合，それが何気ない言葉使いや服装の変化，また，肌の乱れなどほんの少しの変化として表れてきます。中小企業であれば社員同士関わり合いが強くなり得る環境にありますので，是非その強みを活かしたいものです。

Chapter 3 購買部門に関する不正事例

①受払制度の確立
②複数の担当者で管理
③従業員全体の規律を高める
④従業員の私生活もチェック

不正が起きた場合の事後処理

事例の窃取された商品は，甲社の損益計算書上，棚卸減耗損として売上原価とされています。

（売 上 原 価）　×××　　　（商　　　品）　×××

Aが窃取した商品をBに売却した金額が甲社で行われた場合には，次のような会計処理がなされるはずでした。

（現 金 預 金）　3,600,000　　　（売　　　上）　3,600,000[注]

実際には，Aが上記の金額を着服してしまったので，以下のような会計処理が必要です。

（横 領 損 失）　3,600,000　　　（前期損益修正益）[注]　3,600,000

また，Aは甲社の従業員ですので，横領損失の計上と同時に損害賠償請求権が発生し，横領損失の計上と同時に以下のような会計処理が必要となります。

（未 収 入 金）　3,600,000　　　（損害賠償金収入）　3,600,000

（注）「会計上の変更及び誤謬の訂正に関する会計基準」では，損益項目ではなく，期首剰余金の変動とすべきですが，事例は中小企業等を前提としていますので「中小企業の会計に関する基本要領」に基づいて会計処理を行っています。

労務上の留意点―損害賠償の請求

　労働基準法は,「労働契約の不履行について違約金を定め,又は損害賠償額を予定する契約をしてはならない」と定めており,労働契約当事者である労働者本人はもちろんのこと,親権者又は身元保証人に,労働者の行為について違約金の支払義務や損害賠償額を予定する契約を締結することは許されていません。ただし,労働者の不正行為(労働契約の不履行)によって現実に損害を被った場合,その実損額に応じて賠償を請求することは,差し支えありません。このケースのように明らかに故意である場合を除き,重過失や故意でない限り全額を請求するのは判例では認められず,損害額の20%～25%程度が妥当とされています。

退社した後，倉庫に忍び込み，無人になってから商品を運び出して横領した

　薬局業を営む甲社の社員Ａは，退社後，全員が帰る時間を見計らって倉庫に忍び込み，自己が利用する鎮痛剤など薬品数点を横領していた。会計事務所の指摘により，毎月の実地棚卸しの際，特定の店舗・薬品だけ帳簿棚卸しとの誤差が大きいことに疑問を持ち，全社員への聞き取り調査に乗り出したところ，発覚した。その後の調査により被害総額は売価で12万5,800円となった。

不正を事前に防止する

　事例の場合，Ａは長年勤務していて，内部事情に精通しており，さらに鍵の保管を任されていたため，他の社員と遭遇しても不自然に思われることはなかったと考えられます。

　また，自分の使用量のみ抜き取っていたため，数量自体は少量であり，発見が困難であったと言えます。そこで，棚卸資産の私的流用，横流しに関しては以下のような防止策が有効だと考えられます。

❶　倉庫管理を厳重化する

　社員が誰でも在庫が保管されている倉庫等に入れるような状態ではいつ不正な持ち出しが行われてもおかしくありません。倉庫を管理し，立ち入ることのできる担当者を決め，また，その時間も制限することが必要です。そして，棚卸減耗等の責任もあることを，徹底して教育すべきでしょう。

❷　受払制度の確立

　棚卸資産の入庫時や出庫時の受払記録を毎日行うことを徹底し，現物と棚卸

表との直接的な連動性を確認させます。また，実地棚卸しを毎月行い，棚卸しの結果，過不足がある場合にはその原因を徹底して追究する仕組みを作ることです。

いずれにしても多少の手間を掛けなければ，防止並びに発見の難しい領域であることを認識すべきでしょう。

不正が起きた場合の事後処理

事例の横領された薬品は，甲社の損益計算書上，棚卸減耗損として売上原価とされていました。

（売 上 原 価）　×××　　（商　　　品）　×××

Aは横領した薬品を自己の使用に供したため，甲はAに12万5,800円で売り上げた会計処理が必要となります。

（現 金 預 金）　125,800　　（売　　　　上）　125,800(注)

実際には，Aが12万5,800円を着服してしまったのと同等の行為ですので，未収入金とし，後に返金を受けることとなります。

（未 収 入 金）　125,800　　（現 金 預 金）　125,800

（注）消費税は税込経理を前提としています。

労務上の留意点

 「懲戒規定のポイント」

Chapter 3 購買部門に関する不正事例

担当者が仕入先からプレミアム商品等を個人的に購入し，直接，ネットオークションにて販売した

　キャラクターグッズの小売販売を営む甲社の仕入担当者であるAは，仕入先乙社の営業担当者Bより，数量限定・期間限定の商品（仕入単価：2万7,000円，販売価格：6万円）があることを知らされた。AとBは学生時代に同じクラブに所属していたため，親しい仲であった。両人とも事を安易に考え，数量限定であるにも関わらず個人的に20個を購入し，これを個人的にネットオークションで単価5万8,000円，総額116万円で販売した。

不正を事前に防止する

　Aが甲社の仕入担当者として，本来，甲社に利益をもたらさなければならないところを，自己の利益のために行動してしまった原因は何なのでしょうか。

　本来，事例の限定商品は，甲社が乙社と何らかの優先的な販売契約を交わしていることから，仕入れが可能なものと推測されます。Aは甲社の仕入担当者という立場があり，かつ，乙社の担当者Bと個人的なつながりがあったため，個人的に購入することができたのです。

　これらの不正を防止するためには，社員教育の徹底と，仕入担当者に係る役割と禁止規定等の周知徹底が必要となります。

1　社員の教育

　事例の場合，会社が得るべき利益を個人で得てしまったわけですから，不当利得になりますし，会社に対する背信行為にもなります。その当事者の立場によっては競業義務違反にもなってきます。

　社会人としての常識や責務などを繰り返し，伝えていく必要があります。

　また，金額が僅少である場合，不正は発見されにくくなります。この手の

不正の事前防止としては，個々の社員の教育が一番の早道です。

2 社内ルールの周知徹底

仕入担当がその立場を個人的に利用することを明確に禁止する旨をルール化し，会社との競業避止義務を明確にします。甲社においては，このルールが明確化されていなかったため，Aが安易な行動に出てしまったものと考えられます。

❗ 不正が起きた場合の事後処理

Aの行為は，Aが自分で購入して，それをネットオークションで売却しているので，甲社に実害はないように感じるかもしれません。

しかし，当該仕入れ及び売却を甲社が行っていれば，次のような会計処理が行われていたと予想されます。

（現 金 預 金）　1,260,000　　　（売　　　　上）　1,260,000(注)
　　　　　　　　　　　　　　　　　　　　（6万円×20個＋消費税）

（仕　　　　入）　583,200(注)　　（現 金 預 金）　583,200
（2万7千円×20個＋消費税）

（注）消費税は税込経理を前提としています。

本来，この取引が成立していれば，71万2,800円（1,296,000 − 583,200）の現金の増加が見込めたはずでした。

一方AはBから購入していますので，58万3,200円の支払をし，ネットオークションで総額116万円を得ることによって57万6,800円の不当利得を獲得しました。

甲社はAに対して，不当利得の返還請求をすることになりますが，実際には本来見込まれたであろう71万2,800円ではなく，Aが実際に得た57万6,800円を請求することになります。

（未　収　入　金）　　　576,800　　　　　　（雑　　収　　入）　　　576,800

 労務上の留意点

  「懲戒規定のポイント」

Case35 ポイントカードが付く小売店で備品等を購入し、ポイント分を個人のものとした

ポイントカードが付く小売店で備品等を購入し、ポイント分を個人のものとした

　甲社の購買担当者であったAは、社内用備品を購入する小売店で、ポイント分を現金として利用できる個人用のポイントカードを作成し、社内備品購入ごとにポイントを得ていた。ポイントカードを作成したことは、会社へ報告をしていなかったため、得たポイント分はすべてAの個人的に購入したものへと換金されていた。発覚した被害総額は4万7,376円である。甲社は、ポイントカードには全く関与しておらず、管理の必要性も考えていなかった。

不正を事前に防止する

　現在では、ネットショップや家電量販店など、あらゆるところでポイント制が導入されています。この事例のように、会社の備品購入について付与されたポイントは会社のものとなりますので、これを私的に使ってしまうと横領・窃盗の罪に問われる可能性があります。そこで以下のような防止策が考えられます。

1　ポイント管理を行う

　付与されるポイントまで管理を行うことは事務負担が多く、そこまで行っている法人は少ないでしょう。しかしながら、法人契約が可能なものは法人名義で契約し、経理や総務等でポイントを管理し、福利厚生や消耗品の購入に充てるなどの仕組みを作る必要はあると言えます。

2　現物給与の可能性について説明しておく

　現物給与（経済的利益）を受けた個人に対しては、所得税の課税対象とされ

る可能性があります。所得税法第 28 条第 1 項では,「給与所得とは俸給,給料,賃金,歳費及び賞与並びにこれらの性質を有する給与に係る所得をいう」と規定されています。一般的には雇用関係に基づいて提供される労務の対価ということですが,ここには金銭で支払われるものだけではなく,モノや権利等の供与によるものも含まれています。

したがって,各種のポイントカードやマイレージ等も課税の対象となる可能性が生じてくることを認識すべきでしょう。

! 不正が起きた場合の事後処理

この場合,会社の経費を使ったことによって生じたポイント＝現物支給という解釈がなされ,税務上「給与」としてみなされる場合が考えられます。そうなると,このポイント部分が所得税法上課税対象となり,また,源泉税も徴収される恐れがあります。

POINT 労務上の留意点—始末書

懲戒処分で「始末書をとる」という処分を規定している場合がありますが,その提出を従業員が拒んだ場合に提出を強制できるか,という問題があります。雇用の場においても従業員個人の意思の自由は最大限尊重されるべきであり,謝罪や反省を強要することはできません。ただし,始末書を求めること一切が許されないわけではなく,強制するのでなければ上司が部下に対しての指導を行うために提出を求めることは違法性がないといえます。

A に対し譴責処分をした場合の通知書の例は以下の通りです。

一般に,「戒告」とは将来を戒めること,「譴責」とは始末書を提出させて将来を戒めることをいいます。

Case35 ポイントカードが付く小売店で備品等を購入し，ポイント分を個人のものとした

【譴責処分通知書】

平成○○年○月○日

A 殿

甲株式会社

代表取締役　甲野　太郎

貴殿に対し，次のとおり処分することを通知する。

1　処分内容

　　就業規則第○条第○号により，譴責処分とする。平成○○年○月○日までに始末書を提出するよう命じる。

2　処分理由

　　貴殿は，平成○○年○月○日，会社に無断で社内用備品を購入する○○店で個人用ポイントカードを作成し，社内備品を購入する度にポイントを得，総額47,376円のポイントを，私的に利用するための商品の購入に利用した。……

　　よって，貴殿の行った行為は，就業規則第○条第○号に該当し，就業規則第○条により貴殿を出勤停止処分とする。

その他

Case 36 乗っていないタクシーの領収書を集め，精算処理して現金を着服した

　甲社の営業部員Ａは，顔馴染みの飲み屋のＢよりタクシーの領収書をたびたびもらい，これを毎月の経費精算の際，紛れ込ませていた。経理課が会計処理をする際，あまりにも遠方のタクシーであることに違和感を覚えたところから発覚した。架空精算によるタクシー代は6万8,500円である。甲社は，営業第一優先の方針をとっていたため，営業部員に対して，よく確認をせずに交通費の内容についての承認がなされていた事実も判明した。

（不正に領収書入手）
⇓

| 交通費　精算 | ---- | 着服 |

不正を事前に防止する

　営業担当者は取引先等を接待することが多く，馴染みの行きつけのお店ができ，多少顔の利くようになる場合があります。この事例のように，領収書をもらい経費精算していた場合などには以下のような防止策が考えられます。

1 領収書の精査

　経費精算する際に経理担当者は，日付や領収書発行者を精査します。例えば，日付をチェックする際には，その者が休暇中ではなかったか，また，同じお店の領収書が大量にないか，接待した場合などにはその相手先等を明確にする必要があります。

2 上長の確認

　交通費の支出の妥当性判断は現場の上長が一番理解しているでしょう。また，上長が了承印を捺印することによって，上長も共同責任となります。この点を上長に理解させることにより，その部署の交通費に対する考え方もより厳しいものになるでしょう。

3 立て替えた交通費は早期に決済させる

　決済を申請させる期限を設けて，早期に決済させる仕組みを確立させます。決済が遅れると立て替えた従業員は安易に考えやすく，金額や理由が不明になりやすくなります。また，逆に請求漏れも生じやすくなります。

4 立替金をなくす

　交通費の立替えについて，回数券やクーポン券等を使用して現金で支出される機会を大幅に削減できるように工夫すべきでしょう。不正が出やすい環境は現金で支出されることに起因しますので，現金支出の削減によって，不正行為も大幅に削減できます。ただし，回数券やクーポン券も換金可能性がありますので，その点については別の方法を講じて不正を防止する必要があります。

Chapter 4　その他

　①領収書の精査　　日付
　　　　　　　　　　領収書相手先
　　　　　　　　　　領収書住所
　②上長の確認をルール化
　③立替金を早期精算
　④立替金による支出をなくす

不正が起きた場合の事後処理

　事例の場合，架空の交通費は次のような会計処理がなされていました。

　（交　通　費）　　68,500(注)　　　（現　金　預　金）　　68,500

　この実体のない交通費等の会計処理を取り消して，Aから返金を受けることとなります。

　（未　収　入　金）　68,500　　　　（交　通　費）　　68,500(注)

　（注）消費税は税込経理を前提としています。

労務上の留意点―始末書

　就業規則の懲戒規定に「譴責処分は，始末書をとって将来を戒める」と定めていることがあります。この場合，従業員が始末書の提出を拒むと，懲戒処分が完結しないことになります。先も述べましたように，始末書の提出を強制することはできません。懲戒処分は，使用者の一方的な行為で完結することが望ましく，規定には「始末書をとり…」という記載がないほうがよいと言えます。

Case37 参加していない講習会・講演会などに参加したことにし，現金を着服した

営業担当者Aは，年に数回社外で行われる「営業促進セミナー」に参加したという内容の支払精算書を作成し，毎回それに関する参加費用(1万800円)，旅費の立替金(片道580円，往復1,160円)の支払を依頼していた。しかし，Aについての匿名の投書があり，調べてみるとそのようなセミナーは行われていなかったことが発覚した。

不正を事前に防止する

このような架空経費の請求については，以下のような事前防止策が有効だと考えられます。

1 支払依頼書の作成と承認

事前に支払依頼書を作成し，上司の承認を得るなどの手続が必要です。この支払依頼書にはセミナーの日程や会費などが記載されている案内を添付することになります。

2 領収書提出を義務化

架空経費を防止するためには領収書の提出を義務化することが重要です。仮に，領収書が発行されない場合でも，日時や金額などが記載されたウェブサイトを印刷したものなどを添付することとします。

3 支払方法の工夫

当日の現金支払に代えて，事前に預金振込みを行うなどの仕組みとします。

Chapter 4　その他

 不正が起きた場合の事後処理

　架空のセミナー費用が総額で，いくらであったかを調査し，その総額を把握します。

　事例の場合，1回分のセミナー費用として，次のような会計処理がなされていました。

| （研　修　費） | 10,500(注) | （現　金　預　金） | 10,500 |
| （交　通　費） | 1,160(注) | （現　金　預　金） | 1,160 |

　原則，この実体のないセミナー費用の会計処理を取り消して，Aから返金を受けることとなります。

| （未　収　入　金） | 11,660 | （研　修　費） | 10,500(注) |
| | | （交　通　費） | 1,160(注) |

　（注）消費税は税込経理を前提としています。

　社内調査により，前期以前にも当該架空のセミナー費用が判明した場合には，法人税及び消費税の修正申告の検討を行うこととなります。

 労務上の留意点—始末書と顛末書

　懲戒処分の中に「始末書」あるいは「顛末書」の提出を求めることを定めている場合があります。「始末書」は，従業員が不正を認め反省や会社への謝罪の意思を明確にしたものとして考えられ，「顛末書」は反省等を問うのではなく事実関係の報告を求めるものとしています。始末書は強制できないことは先でも述べましたが，顛末書は業務命令で行えますので，従業員が正当な理由がなく顛末書の提出を拒んだら，提出しないことも業務命令違反で懲戒処分の対象となると考えられています。

クレーム・トラブル処理費用など，通常費用以外の費目を架空計上し着服した

甲社の社員である営業担当者Aは，得意先からのクレーム処理費用として現金3万円を手渡したと報告した。その際，領収書の受領はなかったが甲社は経費精算において支給した。しかし，実際にはクレームの事実はなく，現金を手渡した事実もなかった。

不正を事前に防止する

企業は，クレームをきちんと処理することにより，信用増大につながります。また，クレームをラッキーコールとして捉えて，経営を改善する良薬と認識している会社もあります。そのためにもクレームについて報告・連絡・相談を徹底させて社員全員で共有化させたいものです。事例のケースでは，その基本ができていなかったために，不正につながってしまいました。

そこで，このような架空経費の請求については，以下のような事前防止策が有効だと考えられます。ただし，ここで強調しておきたいのは，クレームは社員全員の共通の問題であり，全社的に前向きに対応していこうとする企業風土が一番の防止策であり，クレームを利用した不正は単なる横領では済まないということです。企業自体の存続にかかわる問題と言えるでしょう。

1 初動でのチェック

通常，得意先からのクレームが発生した際には，売上値引きや返品ないしは，商品交換等により対応する場合が多く，事例のような現金での対応は，一時的な特別の事由の場合ではないかと考えられます。安易にAの報告をうのみにせず，なぜ，現金手渡しなのかという事由をしっかりと把握する初動でのチェックが重要となります。

2 支払依頼書の作成と承認

事前に支払依頼書を作成し，上司の承認を得るなどの手続が必要です。この支払依頼書には相手先やクレームの内容等その詳細を記入します。

3 領収書提出を義務化

架空経費を防止するためには領収書の提出を義務化することが重要です。仮に，領収書が発行されなかったとしても，相手方への確認は怠るべきではありません。

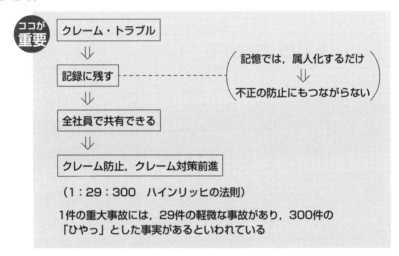

! 不正が起きた場合の事後処理

クレーム費用は，対価性があるかどうかにより，消費税の取扱いが異なります。対価性がある場合には課税対象取引，ない場合には課税対象外取引となります。例えば，納期の遅れや軽微な破損で，クレームの対象となった商品等がそのまま購入者で使用される場合に，クレーム費用の支払は実質的な値引きとして対価性があるとされ，消費税の課税対象取引となります。

事例のクレーム費用3万円を実質的な値引きと取り扱った場合には，次のよ

うな会計処理が行われていたと考えられます。

　（売　上　値　引）　　30,000(注)　　（現　金　預　金）　　30,000

　クレーム費用に対価性がない場合には，損害賠償金として次のような会計処理がなされたと考えられます。

　（雑　　　　　費）　　30,000　　（現　金　預　金）　　30,000

　いずれにしても，このクレーム費用は実体がなく，Aに対して返還請求を行うこととなります。

　会計処理としては以下のようになります。

　（未　収　入　金）　　30,000　　（売　上　値　引）　　30,000(注)

あるいは，

　（未　収　入　金）　　30,000　　（雑　　　　　費）　　30,000

となります。

　（注）消費税は税込経理を前提としています。

POINT 労務上の留意点─不正行為の調査

　不正の疑いのある従業員を調査する場合にも，従業員の人権やプライバシーに十分注意して行う必要があります。ロッカー内の無断確認や帰宅時の尾行について，従業員のプライバシーを侵害し，人格的利益を侵害するものであって不法行為を構成するとした判例があります。不法行為の疑いがあると，懲戒処分自体の効力にまで影響が出てくる可能性があります。

Chapter 4　その他

Case 39　運転手と営業担当者とで共謀して自社製品を窃取した

　甲社の販売課長Aは，乙社の店舗担当者Bと配送担当運転手Cと組んで，納品書に50個と記載してある単価1万円の商品100個を会社倉庫から運び出した。実際に乙社店舗に納品したのは50個の商品で，残りの50個は窃取した。会社の損害額は50万円（1万円×50個）である。

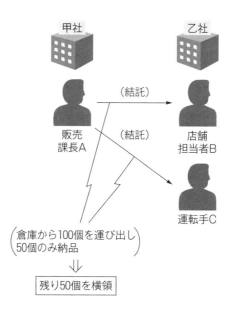

不正を事前に防止する

１　一つの職務について，複数の目を通す

　出荷業務は，商品・売上の会計処理・記帳の担当者及び販売担当者，請求担当者とは別の者が行います。

2 連番を付した出荷指示書の作成

注文書，又は受注報告書に基づき，連番を付した出荷指示書を作成します。この際，注文書又は受注報告書に出荷指示済みであることの印をつけます。

3 複数の者による出荷内容の確認

出荷指示書を作成する者以外の者により注文書又は受注報告書と出荷指示書の内容が一致しているか確かめます。
- 梱包前に，出荷する商品と出荷指示書の内容を照合します。
- 得意先に商品を検収してもらい，物品受領書に受領のサインをもらった上で出荷指示書と照合します。

4 出荷の記録

出荷の時点で，出荷指示書に出荷済であることの印を残します。また，出荷の日時等について，出荷報告書に記録を残しておきます。出荷報告書の欠番について定期的に調査をします。

不正が起きた場合の事後処理

事例では，A，B及びCが50万円相当額の商品を窃取したため，甲社はこれらの者に50万円で売り上げた会計処理を行う必要があります。

| （売　掛　金） | 500,000 | （売　　　上） | 500,000[注] |

（注）消費税は税込経理を前提としています。

しかし，実際にはA，B及びCから受けた横領損失となるため，次のような会計処理を行うこととなります。

| （横　領　損　失） | 500,000 | （売　掛　金） | 500,000 |

損害賠償請求権は，原則として，横領損失と同時に計上する必要がありますが，事例の場合には，外部のB及びCが当事者の一部を構成しているので，例外的な処理の適用が可能と考えられます。具体的には損害賠償金を実際に収受した際に計上できると考えられます。

　（現　金　預　金）　　　500,000　　　　　（損害賠償金収入）　　　500,000

 労務上の留意点—賞与の減額

　懲戒処分として，賞与を減額する場合も，労働基準法第91条の減給の制裁が該当しますので，1回の額が平均賃金の1日分の半額，総額が一賃金支払期における賃金総額の10分の1を超えてはいけません。ただし，懲戒処分を受けて賞与の査定が低くなり，その査定に基づいたために賞与額が少なくなった場合は，減給の制裁には該当しません。

　減給処分を行う文例は以下の通りです。

【減給処分通知書】

平成〇〇年〇月〇日

A　殿

甲株式会社

代表取締役　甲野　太郎

貴殿に対し，次のとおり処分することを通知する。

1　処分内容

　　就業規則第〇条第〇号により，平成〇〇年〇月分の給与から金〇円を控除する減給とする。

2　処分理由

　　貴殿は，平成〇〇年〇月〇日，B銀行C支店の銀行口座を不正に利用し，現金〇〇円を着服した。・・・・・・

　　よって，貴殿の行った行為は，就業規則第〇条第〇号に該当し，就業規則第〇条により貴殿を減給処分とする。

Chapter 4 その他

倉庫担当者と営業担当者が共謀して商品の横流しを行い，棚卸しでは実棚在庫を偽って報告した

甲社は，精密機械製造業を営んでいる。近年，競争の激化によりコストの見直しを徹底的に行った。見直しの過程で甲社の主力製品であるαの完成品の数量とその投入部材であるβの数量に大きな乖離があることが判明した。部材βは甲社購買部が管理していたため，この原因を責任者である購買部課長Aに追及したところ，Aが知り合いの業者に横流ししていたことが判明した。横流しされたβの帳簿価額は総額で100万円であった。

甲社では，製品の受払管理は，製造部門で厳密に行っていたが，部材の受払管理は棚卸しの責任者，受払簿の管理者等をAに一任していた。

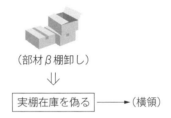

不正を事前に防止する

在庫の横流しは比較的起こりやすい不正です。その原因としては，①在庫保管場所への制限がない，②現物管理と帳簿管理が一人の人間に集中している，③そもそも受払簿上の管理がない，④実地棚卸しに会社としての定まった手順がなく，現場任せである等々が挙げられます。

事例の場合には②の現物管理と帳簿管理がA一人に集中したため，部材βを払い出す時に製造工程への投入量から一部抜いて横流しできる機会を作ってしまったようです。在庫の受払簿を適時に行い，A以外の人間が保管場所から

の払出し数量と製造工程への投入数量とを照合する必要がありました。また，実地棚卸し時は，経理部等などの購買部以外の部署にも立ち会わせ，相互けん制をかけます。

 ## 不正が起きた場合の事後処理

事例において，Aが横流しした部材β100万円分は，αの製造原価に含まれています。したがって，部材β100万円は，製造原価の過大計上となります。また，横流しの時期によっては，売上原価あるいは製品金額がその分過大であったと考えられます。そこで，甲社がAに100万円の損害賠償請求を行うことを前提に，Aが横流しをしていた影響が前期売上原価，当期の売上原価，及び製品在庫それぞれが50万円，35万円，15万円の場合の会計処理は次のとおりとなります。

（横　領　損　失）	1,000,000	（前期損益修正益）	500,000
		（売　上　原　価）	350,000
		（製　　　　　品）	150,000
（未　収　入　金）	1,000,000	（損害賠償金収入）	1,000,000

 ## 労務上の留意点―二重処分禁止の原則

一つの違反行為に対して二重に処分すること（ある事実に対しAという処分がとられた後に，その事実について再び処分をすること）は許されないとされています。しかし，前に懲戒処分を受けながら反省の色なく同じ違反行為を繰り返したという場合には，前の処分を考慮し，重い懲戒処分にすることはできます。

また，就業規則に「二つ以上の処分を併科することがある」と定められている場合には，一つの違反行為に対して，例えば「けん責のうえ出勤停止とする」といったように，二つの処分を科することは，二重処分には該当しないので，可能です。

Chapter 4　その他

Case 41　祝儀袋を書き換え，会社が用意した金額よりも少額を渡し，差額を着服した

営業担当者Ａは，取引先の社長の新店舗開店祝として，会社から５万円を受け取った。ところが，Ａがご祝儀として取引先の社長に渡したのは３万円で，残りの２万円を着服した。

不正を事前に防止する

何ともさびしい限りの不正と考えてしまいます。しかし，出来心ばかりとは言えません。Ａは，消費者金融からの返済に追われていて自然と手が伸びてしまったのかもしれません。人にはいろいろな事情があります。ほんの些細なことが不幸につながっていきます。

禁止行為や違反が発見されたときに，必要な措置を記述した方針書（倫理行動規範等）によって，教育を行うことが必要でしょう。

また，同僚からの頻繁の金銭貸借，普段からの勤務態度等，従業員の行動に注意し，今回のようなお祝い金や香典等は，信頼のおける従業員に預けることにします。

そしてやはり普段から，勤務態度や生活態度などについて上長や職場のメンバー同士で気に掛けてあげることでしょう。

不正が起きた場合の事後処理

Ａに着服された２万円を含む５万円は，当初，次のような会計処理がなされていました。

　　（交　際　費）　　　50,000　　　（現　　　金）　　　50,000

実際には，Ａが２万円を着服しているので，Ａへ未収入金を計上し，返金を

要請することとなります。

　　（未　収　入　金）　　　20,000　　　　（交　際　費）　　　20,000

労務上の留意点―就業規則の活用

　このようなケースを未然に防ぐポイントの一つに，就業規則の中の「服務規律」を周知徹底するということがあります。服務規律に「金券等の不正な取扱い等を禁止する」旨の定めをし，同じく就業規則の中の「懲戒規定」の懲戒処分とリンクさせておきます。そして，入社時の教育（あるいは説明）で，「金券等を不正に取り扱うと，懲戒処分されることもある」ことを周知させておきます。日ごろからの注意喚起を徹底しておきましょう。

Case 42 店舗従業員がレジ現金を横領した

　小売業者甲は，レジの操作を任せるメンバーを限定していた。店舗従業員Ａは，私生活も派手ではなく，勤務態度も真面目であったため，入社5年を機に，レジの操作を扱う権限を与えられていた。

　しかし，この半年にわたり，数回に分けてレジ現金を横領しているのではないかとの告発がアルバイト女性よりあり，本人へ事実確認を行ったところ，本人自ら，事実を明らかにした。総額で15万円弱であり，現金過不足として計上されていた金額，つまり，レジ内計算書による売上とレジ現金の差額とにほぼ，一致したのである。

　処罰については，将来のある人間なので甲は大いに悩んだが，Ａの方から，全額の返済と退職を申し出てきたため，その申し出を受け入れた。

不正を事前に防止する

■1　定期的な帳簿のチェック

　売上の動きについて異常性が見られないか定期的にチェックします。また，実際の現金有高と帳簿残高を日次で必ず照合します。

■2　一定額以上の現金は会社に保管しないようにする

　現金を扱うことが多い会社においては，現金については定期的に銀行に預け入れます。さらに，複数の店舗を持つ小売業者は，レジ・ペーパーと現金との照合作業を各店舗に行わせ，レジ・ペーパーを本社に送付させます。翌日には前日の売上を現金入金させます。本社では，レジ・ペーパーと預金入金との照合作業を行います。

3 レジ締めは二人で行い，役割分担する

　レジ・ペーパーとレジ現金の残高の突合作業は，別々の人間が行うことが肝要です。まず，実際有高をカウントし，レジ・ペーパーと突合する作業を行います。その後，その結果について承認手続を行う人間を，必ず配置します。実際現金有高をカウントする側にとっては，大変なけん制になります。また，仮に過不足が生じた場合にはその原因究明が迅速に行われるでしょう。

　人手がなかなか割けない現状でしょうが，飲食業や小売業は，現金管理と商品管理が命ですのでこの領域についてはパワーを集中させるべきでしょう。

4 防犯カメラ，監視カメラの導入

　人材不足で複数の目によるけん制ができない場合は，防犯カメラ，監視カメラを設置するなど，内引きができない環境作りが必要となります。従業員に監視されていることを意識させ，内引きによってどれだけ売上・利益に差が出るかを認識させます。

5 現金自動収納・釣り銭計算機の導入

　お札も小銭もすべてレジの収納口に入れて，お釣りも自動的に出てくる現金自動収納・釣り銭計算機を導入します。この機械を開ける鍵は，責任者のみが使用できるということにしておきます。

　売上金のうち，レジを通さないケースとして想定されるのは，時間外の入金，掛売上の回収集金，集金による回収金，その他の入金です。したがって，売上高をレジ記録と現物を突合して銀行に預け入れること以外にレジを通らないケースがあり得ることに留意する必要があります。

Chapter 4 その他

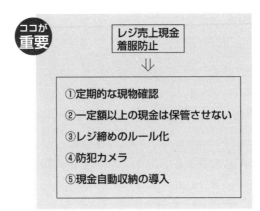

 不正が起きた場合の事後処理

　事例のケースでは，レジ現金の実際有高と帳簿残高の差額について，実際有高に合わせたために雑損失（現金過不足）として計上していました。しかし，現金過不足の発生原因はＡの横領であることが判明しました。今回は，示談の過程でＡに対して，損害賠償を行う以前に全額がＡから返済されることになり，その後，全額，回収されました。そこで，返済計画の合意が整った時点でＡに対する未収入金への処理を行い，入金があった時点で未収入金の返金処理が取り扱われました。

（１）Ａの横領判明時

　　（未　収　入　金）　　150,000　　　　（雑損失(現金過不足)）　　150,000

（２）返金時

　　（現　　　　　金）　　150,000　　　　（未　収　入　金）　　150,000

　中小企業は人が命です。特に素直な若者に対しては可愛くてしょうがないという気持ちが生まれるのも無理はありません。といっても，不正を行うことは絶対に許されることではありません。経営者は，そのような事態にならないよ

うに，絶えず従業員に目を配り，また，不正が起きないような仕組み作りを行うことが最大の仕事だという気持ちが大切でしょう。

 労務上の留意点

  「懲戒規定のポイント」

Chapter 4 その他

 飲食業の店舗従業員が閉店前にレジを締め，閉店までの売上を着服した

　飲食店である甲店の従業員 X は，閉店間際に未会計の客がいるにもかかわらず，レジを締め，その後の客が会計した際にはレジ打ちせずにこれらの客の売上代金を着服していた。客から領収書を求められたときには，手書きの領収書を交付していたと考えられるが，甲店には馴染みの客が多く，領収書を要求する客かどうか見極めて行っていたようである。

不正を事前に防止する

　現金商売を行っている飲食店などは，特に売上金の着服に注意が必要です。売上金の着服は，上記事例のようなレジを通さない，現金売上の入金処理後レジを操作して入金を取り消すなどの手口で行われる場合が想定されます。
　そこで，以下のように防止策を講じ現金管理を厳格にすべきです。

1　伝票に連番を打つ

　売上金の着服の手口の一つとして，伝票を抜き，その分の現金を抜き取ることも考えられますが，伝票に通し番号をつけるとそれを防止することができ，また，後から売上金をチェックする際も便利で有効です。

2　チェック体制の確立

　少人数の店舗等においては難しいことですが，レジに関しては，信頼のおける数人のベテラン従業員にのみに現金を管理する権限を与え，一人の従業員に任せることは避けるべきです。

不正が起きた場合の事後処理

　Aの不正には，確信犯的な色彩が強いと感じます。残念な事例です。Aが素直に非を認め，事実を明らかにして，その謝罪と全額返金を行ってくれればよいのですが，この手の不正の場合，損害賠償請求の話が出てきてしまうでしょう。

　さて，損害賠償請求権の会計処理についてはどのタイミングで行うべきでしょうか。まず，Aの不正が容易に発見できる状況であったかどうかということにより，判断が分かれます。事例の場合，確信的な不正であり，Aは，顧客を見ながら，用意周到に行っていたと想像できます。したがって，容易には発見できなかったと考えられます。

　したがって，結論からすると不正が発覚した事業年度に求償権を計上すべきでしょう。

　また，今回のケースのような場合には，その社員から，弁済を受けられないことも考えられます。その場合は，弁済免除額について，その社員に対する「給与」として取り扱うことになります（所基通36-15（5））。

　もし，損害賠償請求を行った後に，その社員の支払能力から回収できないことが明らかになった場合には，その金額は貸倒計上することになります（法基通9-7-17）。しかし，税務上は，貸倒れに対して厳格な処理を求められていますので，最大限の回収の努力が前提となった場合であることに留意が必要でしょう。

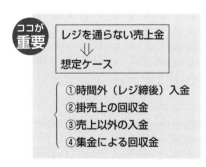

Chapter 4　その他

労務上の留意点

ここを参照 「懲戒規定のポイント」

Case 44 店員と客が共謀し，購入した数以上の商品を渡して後でバックさせた

甲小売店の店員Aは，客Bと共謀し，客Bが購入した化粧品について3ケース分の料金を受け取ったにもかかわらず，10ケース分の商品を引き渡した。後日，多く渡した7ケース分をバックさせ，二人で山分けしていた。

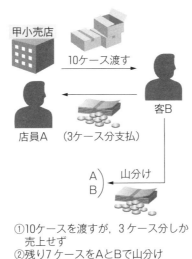

① 10ケースを渡すが，3ケース分しか売上せず
② 残り7ケースをAとBで山分け
③ 1ケースの仕入値は5万円である

不正を事前に防止する

同様のケースとして商品を納品書の数量より意識的に多く出庫し，それを転売したケース等も考えられます。事例では，店員の問題ですが，倉庫担当者が片棒を担ぐ場合も想定されます。例えば，営業担当者が得意先に商品を出荷した際に倉庫担当者が余分に商品を出庫し，その部分を転売するケースが考えられます。

事例のケースでも言えることですが、問題の本質は出荷のチェックの甘さに起因しており、これはどこの中小企業でも共通している点ではないでしょうか。

❶ 定期的な帳簿のチェック

売上の動きについて異常性が見られないか定期的にチェックします。
実際の在庫残高と帳簿上の在庫残高を月次で照合します。

❷ 防犯カメラ，監視カメラの導入

人材不足で複数の目によるけん制ができない場合は、防犯カメラ、監視カメラを設置するなど、内引きができない環境作りが必要となります。

❸ 定期的に棚卸しを実施する

商品を横領した場合、実地棚卸しを行えば数量不足となります。したがって、内部けん制ならびに早期発見のためにも定期的に実地棚卸しを行い、帳簿在庫との突合を行う必要があります。その結果、差異が生じた場合には必ず、現場担当者に原因究明をさせることがポイントになります。

 不正が起きた場合の事後処理

横領事件が発覚した場合には、経営者と従業員との間で損害賠償請求額が具体的に確定した時点で横領金のうち、賠償されない金額のみを横領損失として損金に計上されることになります。
①横領損失金の計上　損害の発生した時点
②賠償金収入の計上　支払を受けることが確定した日又は実際に支払を受けた日

事例の場合、5万円に7ケースを乗じた35万円の商品過不足がありましたが、実在庫で棚卸金額を計上していますので自動的に売上原価の中に含まれています。

そこで7ケース分に相当する35万円を売上原価の戻しとして修正する必要があります。

（未　収　入　金）　　　350,000　　　（売　上　原　価）　　　350,000
※　1ケースの仕入値　50,000円×7ケース＝350,000円

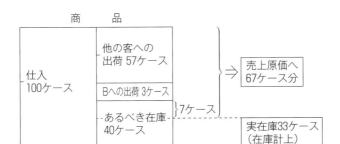

POINT 労務上の留意点──出勤停止処分と労働基準法第91条

　就業規則の懲戒処分の「出勤停止」及びその期間中の賃金が支払われない規定がある場合において，その処分が労働基準法第91条（制裁規定の制限）に制限されるかどうかですが，出勤停止期間中に賃金が受けられないことは，懲戒処分の当然の結果であるので，同法第91条の制限は受けません。ただし，就業規則に定めがあるからといって長期間にわたっての出勤停止処分は「公序良俗に反する」として無効になることも考えられますので注意が必要です。

Case 45　小売業，飲食業での事前防止策の留意点は何か

　小売業や飲食業で実際に不正が明るみに出たケースは，まだよいが，不正がなかなか発見できないというのが中小企業の現実である。社員やパートを信頼し，仕事を任せたいというのが本音であるが，経営者として，不正を発見できる手法があれば教えてほしい。そのことにより，少しでも不幸な事案が起きなければ幸いである。

　不正を事前に防止する

　企業は，ヒト・モノ・カネで成り立っていますが，不正防止のために経営者が注意しなければいけない共通の事項があります。特に小売業・飲食業等は，いわゆる現金商売であり，現金に直に触れる局面が多いのが特性でしょう。また，当然のことですが，売り物である商品を直接扱う機会も多いことになります。そこで，ヒト・モノ・カネに関しての補足をすることにします。

1　数字はうそをつかないことを認識する―データ分析を行う

　小売業・飲食業にはそれぞれに重要なデータがあります。その数値をいかに収集し，加工することによって大いに不正防止に役立てることができます。

　特に日々の売上推移や原価率を管理することが有効です。商売柄，これらの係数把握は当然ですが，データが2年以上蓄積されてきますと同時期の売上や平均売上と比較することができます。ここで数字の異常点が浮かびあがってきます。

　原価率や利益率についても同様の分析は効果大です。また，自店のみではなく，同店舗規模の他店のデータが手元に入ればさらに効果が望まれるでしょう。

最近は各種情報機関やコンサル会社からの情報収集が容易になっています。もちろん，関与会計事務所が一番頼りになるでしょう。

過去に社長を交代させたことにより，日々の売上が大幅に増加した飲食店グループがありましたが，これは，その飲食店グループの前社長が自ら売上を抜いていたという切ない事情がありました。

2 お客様に対し，従業員についての「態度」「気が付いたこと」などを盛り込んだアンケートを実施する

人が不正に走るのは，盗み癖を持っている病気の場合もありますが，何らかの理由で追い込まれたが故に走ってしまったケースがほとんどではないでしょうか。

通常，不正を行った場合には何らかの異変が言葉遣いや態度に出てくると考えられます。当然個人差は，あります。実際，過去に経験した事例では，不正の金額が大きくなればなるほど表に出てこなくなる人もいました。

そこで普段から，経営陣は，社員の行動や生活態度，交友関係等，あらゆる面に気を配り，金遣いに注意を払う必要があります。生活が派手になり，金遣いが荒くなりますと要注意です。経済的余裕がある場合にはよいのですが，悪くなるとどうしても不正に走りやすくなります。それは，一度広げた生活パターンを倹約するためには，大変な努力が必要になってくるからです。

さて，お客様からのアンケートによる評価は，経営のためにも役に立ちますし，経営陣が情報を得るためにも有効な手段となります。セクション単位の上司と部下の間でも同様に役に立つでしょう。したがって，大いに利用すべきです。

ただし，パワーハラスメントないしセクシャルハラスメントや個人情報の保護問題も微妙に絡みますので，その点はご注意ください。

3 棚卸しロスの分析の徹底

どの業種でも言えることですが，売上は，商品の販売によって行われるの

で商品の受入れ，払出し及び残高の管理と記帳が不可欠です。

極端に言えば，商品が自由に持ち出せて，商品の受払記録がきちんと行われていなければ，商品の横流し等による売上代金の着服が横行する風土を作りやすくしてしまいます。そこで，受払による帳簿在庫と実地棚卸しによる在庫金額に差が生じた場合には，現場サイドにその棚卸しロスの原因分析を徹底して行わせることが重要です。

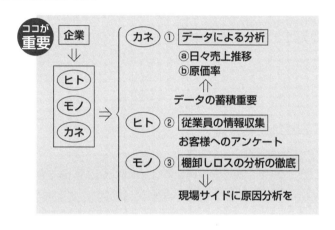

Case 46 建築下請業者に工事費を水増し請求させ,その一部をバックさせた

　工事原価の見直しをかけている甲社は,利益率が低い案件の工事原価の内容を精査するプロジェクトチームを立ち上げた。精査の過程で,Aが発注担当の下請業者乙社に対する外注費用が,売上に比して多額であることが判明し,その調査を行った。当初Aは,乙社に特殊技術があるため多額である旨の説明を行っていた。

　しかし,プロジェクトチームの技術職Bが具体的な技術内容から当該外注金額は多額すぎると結論づけた。この結論を受けて,甲社は乙社に対し,値下げの要求を行い,対応できない場合には取引を行わない旨の通知を行った。

　当該通知を受け,乙社はこの数年間,Aに対して裏バックマージンを支払っていた事実を甲社に対して伝えた。乙社からは,Aに対して払ったバックマージンの総額は1,500万円であり,当該マージン相当額を含めて請求したとの報告を受けている。

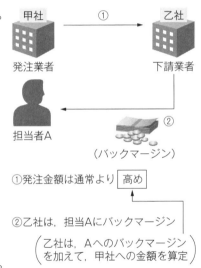

 不正を事前に防止する

　下請業者乙社の業務内容を適正に把握し,その金額の妥当性を,見積段階で把握しておく仕組みがなかったことが今回の不正につながっていたものと思われます。

事前防止策としては，次のものがあります。

❶　ルールの明確化
事例のような発注権限がある立場を利用しているバックマージンの授受の禁止を明確化し，周知徹底する必要があります。

❷　外注先の決定方法を定める
外注先の決定方法には，最も安い見積金額を提示した仕入先に依頼する「競争入札方式」，提示見積金額に加えその内容の妥当性も勘案する「見積合わせ」，任意で決定した会社に依頼する「随意契約」があります。

一例として，原則は，「競争入札方式」や「見積合わせ」により，外注先を決定し，特殊仕様や特殊技術が必要な部品等の購入のみ「随時契約」とするといった方法が考えられます。

特殊技術の必要性については技術専門と連携し，検討すべきでしょう。

❸　価格見積方法の標準化を図る
購買部において，標準の見積方法，様式を決定し，外注先にその様式による見積書の作成を依頼します。見積書には，原料費，労務費，管理費なども原価項目を詳細に記載します。

❹　外注先，注文品価格・数量の承認ルールを決める
外注先の選定については，購買部，製造部などで合議体制をとります。また，外注価格・数量の承認は部長，課長などの複数の承認を得ることも必要です。承認のための資料としては，外注先選定理由，見積合わせの内容等の必須項目をおき，決裁を受けるためのルールを決めます。

5 購買担当者,購買管理者の日常生活に留意し,ローテーションを行う

外注先との癒着や,仕事のマンネリ化を防止するため,一定期間のサイクルでローテーションを行う仕組みを作ることが必要です。

①外注先決定方法
②価格見積方法の標準化
③外注先,価格,数量の承認ルール決定
④ローテーション

 不正が起きた場合の事後処理

バックマージンは,A個人と乙社との金銭の授受のため,直接,甲社の会計処理に関連するかどうかは事実関係の認定によります。事例の乙社がバックマージン分を含めて,外注費を水増ししたとの報告事実に基づく会計上の事後処理について解説します。

水増しされた外注費は,次のように会計処理がなされていました。
(外 注 費) 15,750,000(注) (現 金 預 金) 15,750,000

水増し外注費分は,甲社の業務とは関連がなく,A個人に帰属するものであるため,本来は,次のような会計処理がなされるべきものでした。
(未 収 入 金) 15,750,000 (現 金 預 金) 15,750,000

したがって,会計上は次のような修正処理が必要となります。
(未 収 入 金) 15,750,000 (外 注 費) 15,750,000(注)

労務上の留意点―贈収賄行為

　このケースは民間同士の贈賄行為ですが，贈賄行為の相手が公務員である場合には，業務に関連して不当に金員等の利益を与える行為自体が，贈賄として刑事罰の対象となる場合もありますので，日ごろから従業員に対する意識づけが必要です。刑事罰の対象となれば，企業自体の社会的信用も大きな影響を受けますから，厳罰に処する姿勢が必要です。この場合も，従業員の地位や，業務との関連，供与の金額，回数，期間などを調査し，総合的に判断します。

Case47 工事・設備等の請負業者に対し下請業者を指名し、その下請業者から個人的にリベートを受け取った

工事・設備等の請負業者に対し下請業者を指名し、その下請業者から個人的にリベートを受け取った

甲社は、飲食業を営んでいる会社である。甲社の店舗開発を担当しているAは、店舗開発を総合的に委託している請負業者乙社に対して、内装業者として丙社を主に使うよう指示していた。Aは個人的なリベートを丙社より受けていた。リベートの金額は、丙社が乙社から発注を受けた請負額のうち数%をAに対して支払う約束をしていた。この事実は、内部通報により発覚した。

Aは乙社からのリベートの受領（120万円）は認めているが、あくまでも、個人的な関係による紹介料であると主張している。

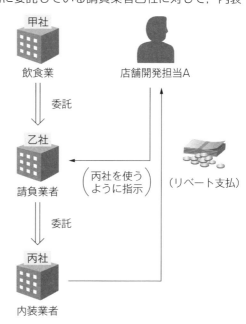

不正を事前に防止する

事例は、甲社と乙社間ではなく、乙社の下請の丙社から甲社の担当者Aへのリベートであるため、甲社の実質的な損害額はどのくらいか、あるいは、そもそも損害額は発生しているのかなどが問題になる非常に難しいケースです。Aも紹介料としてのリベート受領は認めていますが、個人的な関係による受領であることを主張しています。この場合、Aは何ら甲社に対して、罪はない

のでしょうか。

　従業員は自己が属している会社に対して，忠実に職務に専念する義務があります。リベートの話があっても，受領することなく，間接的にではあれ，工事代金を安くするよう行動することが本来あるべき姿です。甲社は，乙社の協力を得ながら，Aと丙社の関連を紐とき，場合によっては，背任罪での告訴も辞さないという毅然たる態度が必要となるでしょう。

　具体的な策としては，その職業上の立場（事例の場合には，店舗開発責任者の立場）を利用した個人的な金銭の授受の禁止を盛り込むような「企業倫理規定」を作成し，会社の方針を明らかに示すことが必要です。

不正が起きた場合の事後処理

　事例は，甲社の実損が確定していないため，会計上の処理を行うことは困難です。仮に，Aがリベートは甲社の店舗内装工事に関連して受け取ったものであることを認め，金額が確定した場合を想定して解説をします。

　Aが受け取ったリベート120万円で，甲社が乙社に支払った内装工事代金に含まれていた場合，次の会計処理がなされています。

　　（有形固定資産）　　1,200,000　　　　（現　金　預　金）　　1,200,000

　本来，払わなくてもいい120万円を乙社に支払ったのだから，有形固定資産を減額するという考え方もありますが，実務的には，Aが受け取っているリベートは丙社からのものであるため，Aと甲社との損害確定時に次の会計処理を行うこととなります。

　　（未　収　入　金）　　1,200,000　　　　（損害賠償金収入）　　1,200,000

労務上の留意点—贈収賄行為

　このケースは民間同士の贈賄行為ですが，贈賄行為の相手が公務員である場合には，業務に関連して不当に金員等の利益を与える行為自体が，贈賄として

Case47 工事・設備等の請負業者に対し下請業者を指名し，その下請業者から個人的にリベートを受け取った

刑事罰の対象となる場合もありますので，日ごろから従業員に対する意識づけが必要です。刑事罰の対象となれば，企業自体の社会的信用も大きな影響を受けますから，厳罰に処する姿勢が必要です。この場合も，従業員の地位や，業務との関連，供与の金額，回数，期間などを調査し，総合的に判断します。

Case 48 工事用資材の発注手続において，発注内容とは異なる物品を納入させ，物品を横領した

　甲社において工事用資材の発注を行っているAは，納入業者乙社に対して，仕様変更により，発注品が変更になった旨を電話で伝え，発注品を変えることを定期的に行っていた。業種的に仕様変更による発注品の変更は日常茶飯事であるため，これらの行為が不自然なものと映ることはなかった。

　ただ，内部管理上は不正の温床となる可能性があるとの指摘により，内部監査室において，資材発注，仕様変更による発注品変更，変更された資材がどの工事現場に使用されているか等の追跡調査を行った。

　この手続において，頻繁に発注変更を行うAと納入業者乙社について行ったところ，発注変更後工事資材品が，現場で使用されておらず，Aが横領していたことが判明した。横領総額は100万円位とのことであるが確認していない。

不正を事前に防止する

　上記の事例のように，資材を扱う業者などでは発注品の変更が度々行われることがあります。この発注品の変更を利用し，不正に物品を横領するケースに対しては以下のような事前防止策が考えられます。

❶ 発注・検収体制の確立

　発注した場合は発注するのみではなく，その物品が納入された時点でこれを検収することが重要です。実際に発注したものが納入されているのか，日付は不自然ではないか，など検収者はチェックを行います。この場合，発注者と検収者が同一であれば意味がないのでこれを分担させます。

2 ローテーションを行う

不正を未然に防止するには、一定期間のサイクルで業務のローテーションを行う仕組みを作ることが必要です。

3 損益分析

実際の売上原価は、予定の売上原価に比し、横領額だけ過大であったはずです。各工事現場の予定損益と実績を比較し、分析する体制をとっていれば、これら異常値も察知できます。また、このような体制を社員に周知すれば、事例のような手口は、すぐわかってしまうと認識させることにより、けん制となります。

不正が起きた場合の事後処理

現場で使用する資材を横領した事例であるため、甲社の当初仕訳は次のようなものと想定されます。

　　（原 材 料 仕 入）　1,080,000　　　（現 金 預 金）　1,080,000

当該資材は、甲社の業務とは、直接関連がなく、A個人に帰属するものであり、甲社の会計処理としては、次のようになります。

　　（未 収 入 金）　1,080,000　　　（現 金 預 金）　1,080,000

したがって、会計上は次のような修正処理が必要となります。

　　（未 収 入 金）　1,080,000　　　（原 材 料 仕 入）　1,080,000(注)

なお、横領損失が確定次第、上記仮払金は、横領損失の計上が行われます。

　　（横 領 損 失）　1,080,000　　　（未 収 入 金）　1,080,000

また、税務上は、損害賠償金収入の益金計上も必要となります。

（注）消費税は税込経理を前提としています。

労務上の留意点—出向者の懲戒処分

　出向している従業員が不正を行った場合の懲戒処分は，出向先，それとも出向元で行うのかという問題があります。出向している従業員の懲戒処分は，現に勤務している出向先の会社の就業規則に基づいて行います。出向者を出向元が同じ理由で処分するのは「二重処分禁止」の原則に抵触すると考えられます。ただし，出向元の信用や名誉が害されたと評価される場合は，出向先とは別に処分を科すことが可能であると考えます。

Case 49　従業員が顧客データを不正にコピーし，業者に売却した

　システムデータ管理者 A は，顧客名簿データを不正にコピーし，売却していた。この不正行為は，顧客からの問い合わせを受け，社内調査を実施したことで判明したものである。

　会社の顧客データは，パスワード制御はしてあったが，パスワードさえわかれば，だれでも閲覧，コピーができる状況であった。システムに詳しい他の管理部の者からは，システム管理が A 一人に任せられていることや単純なパスワードによるアクセス制御等，その管理が脆弱である旨は指摘されていたが，30 名程度の会社では，トップの目が行き届くので，管理は簡単なものでいいとの判断のもとの管理状況であった。

　顧客名簿データは約 1,000 名に係る名前，住所，電話番号であり，データ拡散防止やお詫びに係るコストとして，約 1 千万円を見込んでいる。

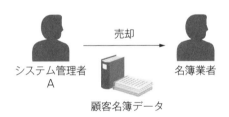

不正を事前に防止する

　重要な情報ファイルやデータベースについては，情報漏えいを防ぐために概ね①重要な情報の明確化とそれに応じたそれらに対するアクセスコントロール，②重要な情報ファイルやデータの持ち出しリスクの低減策③重要情報に関する教育が必要とされています。

Chapter 4 その他

❶ 何が重要な情報化を明確にし，その重要度に応じて情報へのアクセスコントロールを行う

アクセス管理の初歩的な方法として，パスワード管理があります。当該会社では，顧客データという極めて重要なデータに関し，パスワードによるアクセス制限はかけていたものの，当該パスワードのアップデートの頻度，パスワードの保管方法などの管理が脆弱であったようです。これらの頻度を高め，かつ，保管ファイルも一定のルールによって管理する必要があります。また，情報の重要性を階層化し，その利用者別に利用者ID及びアクセス権の設定等を行う等との利用者アクセス管理等を行うことが必要です。

❷ データが持ち出されるリスクに対応する

データにアクセスできても当該データを持ち出す手段がなければ，データ流出とはなりにくいものです。具体的には，インターネットでの流出，USBメモリ等の携帯外部記録媒体，スマートデバイス等のモバイル機器，クライアントパソコン等の情報機器による持ち出し等が考えられます。個人のノートパソコンや携帯外部記録媒体等を業務利用しない等の制限により，これらのリスクを低減する必要があります。

❸ 重要情報に関する教育

どのような情報が重要情報であるかということや，その取扱手順等をすべての従業員に周知させるために，定期的な教育が必要です。特に，システム管理者には倫理・規範に関して意識を向上させる必要があります。

❗ 不正が起きた場合の事後処理

ここでは，財務諸表に計上されていない情報資産としての顧客データが不正にコピーされ，売却されていたため，当該詐取行為そのものでの損失は発生しません。しかし，事後的に発生する情報漏えい対策費に関しての会計処理が必

要となると考えられます。ただし，法人税上は，実際の確定した費用のみが，損金の額として処理されることとなります。

| (情報セキュリティ
対策費(特別損失)) | 10,000,000 | (情報セキュリティ
対策引当金) | 10,000,000 |

実際に発生した費用について，従業員Aに対して，損害賠償請求が可能な場合には，確定費用・損失に対する損失の計上とともに，求償権である収益の計上が必要となります。

 労務上の留意点

 「出向者の懲戒処分」

Ⅱ

非営利法人

Case50 診療所窓口の売上金を，日計表を改ざんして横領した

医療機関
Medical institution

診療所窓口の売上金を，日計表を改ざんして横領した

　甲診療所の窓口担当者であるAはレジの現金と日計表の管理を行っている。Aは，日計表の収入合計額を実際の入金額より少額にし，その差額を着服していた。甲診療所の収入の管理は現金収入と日計表との照合を定期的に行うのみで，レセコンの収入額と日計表の収入額の照合は行っていなかった。

　この不正は，決算期間近にレセコンの収入額と日計表の収入額とに差異が生じていることが判明し，その差異分析を行ったことにより判明した。

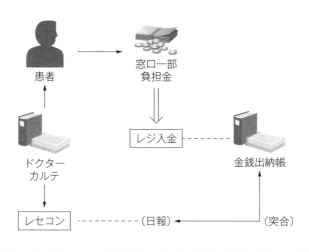

不正を事前に防止する

　医業の場合は，通常窓口収入は出納帳や日計表によって処理されます。医業に限らず，日計表の改ざんの不正を防ぐには以下のような防止策が考えられます。

❶　レジ・ペーパーとの突合
　レジ・ペーパーと日々の売上額が一致しているか確認します。通常，レジは毎日閉院後に1日の売上金額を一覧で出力するので，この金額と日計表が一致しなければなりません。

❷　予約表や領収書の確認
　予約表がある場合は，この予約表と日計表を突合することも有効かと思われます。また，高額の自由診療収入がある場合は領収書が発行される場合がありますが，これも確認する必要があります。

ココが重要
①チェック・手続の順守
②釣り銭用資金／両替用資金 → 必要以上に置かない定額とする

現金金種表 については、検印を付す

不正が起きた場合の事後処理

　本来であれば次のような会計処理がなされるはずでした。
　　（現　金　預　金）　　×××　　　　（医　療　収　入）　　×××
　ところが，事例では，そもそも当該入金は診療所の帳簿には計上されず，Aが横領していたため，現金の入金はありません。
　そこで，次のような会計処理を行うことになります。

|（未 収 入 金）|×××|（医 療 収 入）|×××|

労務上の留意点──減給処分の限界

　労働基準法第 91 条では，就業規則で減給の制裁を定める場合においては，その減給は 1 回の額が平均賃金の 1 日分の半額を超え，総額が一賃金支払期における賃金の総額の 10 分の 1 を超えてはならない，とされています。就業規則の懲戒処分に「将来にわたって基本給の 10 分の 1 以内を減ずる」という処分があった場合，この制裁が労働基準法第 91 条の制限を受けるかどうかが問題となります。1 回の違反事実に対し，このような処分をする場合には，労働基準法第 91 条に違反し無効となりますが，降格処分により賃金が降格した職務や地位に応じたものになった結果としての減額であれば，違法とはなりません。

現金過不足が発生したように処理し，現金を横領した

　甲クリニックは，毎週末，窓口現金出納帳と実際の現金とを照合し，現金管理を行っている。現金管理及び帳簿管理は窓口担当者Ａが行っているが，毎週末の照合には，別の担当者も立会いを行い，帳簿及び金種表に承認印を押していた。

　Ａは，実際の現金残高と帳簿残高の照合が週１回であることに着目し，週中の現金を流用し，週末に返金するという行為をしていた。当初は流用金額も小さく，１週間のうちに，つじつまを合わせることができていたが，月日が経つにつれ，流用金額も増えていき，１週間のうちにつじつまを合わせることができなくなってしまった。それでも，返金しきれない場合には，差額を現金不足として処理し週末の帳簿残高と実際の現金残高を一致させ，翌週にその差額を現金過剰としてクリニックに戻し，帳簿残高と実際の現金残高を一致させやりくりをしていた。

　しかし，このような手口はそう長くは続かず，返金しきれなくなり，Ａの自白により，不正が発覚したのである。

 不正を事前に防止する

❶　現金と帳簿の照合を行うタイミング

　定期的に行うことに加えて不定期の照合も行い，また，現金の管理と帳簿の管理の担当者を分ける必要があります。

　事例の場合，現物と帳簿を照合する際にＡ以外の者が立ち会っていますが，決まった日時に行うので，１週間中でＡが現金を流用する機会を作ってしまいました。これを時々，週中に突然行うといった手続をとっていれば，このような流用は防げました。

2 帳簿の記帳は適時に行う

帳簿を適時に記帳する必要があります。日々の現金の入出金は，その日のうちに記帳し，いつでも現物との照合ができるようにする必要があります。

不正が起きた場合の事後処理

事例において，Aが流用した現金を現金過不足として会計処理を行っています。

 （雑 損 失） ×××   （現   金） ×××

実際には，Aが流用した現金ですので，Aへの未収入金として会計処理し，返金要請を行うこととなります。

 （未 収 入 金） ×××   （雑 損 失） ×××

従業員との示談による返金が不能の場合には，従業員の不正に関する会計処理で横領損失と損害賠償請求収入を同時に計上することとなります。

 （横 領 損 失） ×××   （未 収 入 金） ×××
 （未 収 入 金） ×××   （損害賠償金収入） ×××

労務上の留意点─降格処分と労働基準法第91条

降格処分をしても，同一の職務に従事させながら賃金のみを減額するものであれば，労働基準法第91条（制裁規定の制限）に違反することとなります。そこで，降格処分としてその職務を変更し，その変更した職務に応じた賃金となり，減少するのであれば適法となります。例えば，課長から課長補佐に降格したけれど，職務内容は以前と変わらないという場合は，違反となる可能性があります。

Chapter 1　医療機関

Case 52　レジの釣り銭の補充又は両替用に金庫に保管してあった現金を着服した

　甲診療所は，レジの釣り銭用，両替用のお金を金庫に保管している。毎月末，担当者Aは金種表を作成し，それを管理者であるBが照合し，現金管理を行うこととなっているが，実際には，Bは，金種表と現金の照合を行わずに，金種表と現金出納帳の残高との照合のみを行っていた。Aは金種表の改ざんを行い，架空の現金を計上するような帳簿操作を行って，総額9万円を着服していた。

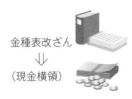

不正を事前に防止する

　上記の事例は，管理者によるチェック体制が整っているにもかかわらず起こってしまった事例です。長年勤務している者や普段勤務態度が真面目な者に対して信頼を持っている場合などは，チェックなどの手続を省略してしまいがちです。そこで，事前防止策として以下のようなものが考えられます。

1　チェック・手続の順守

　担当者に信頼を置いている場合や手続が面倒な場合でも，必ずその手順を踏みチェックを怠らないことが重要です。この事例において不正がすぐに見抜けなかったのは，金種票と現金出納帳の残高チェックしか行っていなかったことが原因です。したがって，金種票と必ず現金実査を行う必要があります。

　責任を明確にするために，金種票には，カウント者と，チェック者のサイン

Case52 レジの釣り銭の補充又は両替用に金庫に保管してあった現金を着服した

をします。

2 保管上限の設定

釣り銭用や両替用のお金は，管理上，紛失や不正の種となり得るため，余分に保管することを避けるべきです。

不正が起きた場合の事後処理

事例において，Aが着服した分の現金が帳簿上，実際の残高よりも過大となっているため，Aに対して着服金の返金要請を行います。

　（未 収 入 金）　　　90,000　　　（現　　　　金）　　　90,000

事例の場合は金額的に僅少であるため，未収入金の返金はほぼ可能であると考えられますが，従業員との示談による返金が不能の場合には，従業員の不正に関する会計処理で横領損失と損害賠償請求収入を同時に計上することとなります。

　（横 領 損 失）　　　90,000　　　（未 収 入 金）　　　90,000
　（未 収 入 金）　　　90,000　　　（損害賠償金収入）　　90,000

POINT 労務上の留意点―社内の罰金と労働基準法第91条

従業員が業務命令違反等で会社に損害を与えた場合に，実際の損害について賠償を請求されること自体は，禁じられていません。ただし，違反事由について「1回いくら」と罰金をとるという制裁を定めることは，労働基準法第91条の制限を受けます。また，労働基準法第16条（賠償予定の禁止）「使用者は，労働契約の不履行について違約金を定め，又は損害賠償額を予定する契約をしてはならない」というものがあります。罰金に関しては，この両方の規定に抵触していないかが問題となりますので，注意が必要です。

Case 53　クリニックに必要な物を購入するための小口現金で，私的な物を購入した

　甲医療法人は，本部を含め3カ所の診療所を有しており，各診療所毎に小口現金を置いて，必要な消耗品等の購入を行っている。消耗品等の購入を行った場合には，出納帳に記帳し，かつ，領収書等を保管している。領収書等の内容は，各診療所の管理者が責任を持っているが，実際には，厳密な内容の吟味はしていなかった。

　そのような管理状況の中，三つの診療所の一つの乙診療所の消耗品費が，通常月に比し多く発生した月が3カ月続いた。乙診療所には，中途採用のAが消耗品の管理を行っていたが，3カ月で退職してしまった。この間の消耗品費が通常月より多く発生したのである。

　その事実を顧問税理士に指摘され，その内容を吟味したところ，Aが消耗品を私的に流用していた事実が判明した。3カ月間で被害総額は14万円に上る。

不正を事前に防止する

　事務用品などの消耗品の購買については，金額的に少額であり，重要性が低く考えられ，管理が甘い場合があります。しかしながら反復的に不正を繰り返せば多額の被害となるため，管理は徹底させなければなりません。そこで，事前防止策として以下のようなものが考えられます。

❶　発注者と管理者の分担

　発注者と管理者を別にします。例えば，経理担当者に購入と管理をすべて任せず，経理担当者は購入を，発注担当者が管理をというような形で業務を分担させるようにします。

2 承認体制の確立

まず,購入するものがあれば購入申請書等の書類を作成し,これを他の管理者に申請します。管理者はその申請内容が合理的であるかチェックし,承認します。

3 検品の実施

実際に購入したものについても,納品された際には必ず検品を行います。にもあるように,ここでは発注者と検品者は別の者が行います。

不正が起きた場合の事後処理

事例において,Aが流用した消耗品について次のような会計処理がなされています。

（消 耗 品 費）　147,000[注]　　（現　　　　金）　147,000

実際には,Aが流用した消耗品で,甲医療法人の業務に関連したものではありませんので,消耗品費でなく,Aへの未収入金として会計処理し,返金要請をします。

（未 収 入 金）　147,000　　（消 耗 品 費）　147,000[注]

なお,元従業員ですので,退職金等での会計処理も考えられますが,勤務期間が短期であることやその職務上の地位の悪用による不正ですので,現実問題として,これらの会計処理はないと考えられるため,示していません。

（注）消費税は税込経理を前提としています。

 労務上の留意点—懲戒規定のポイント

その懲戒処分をより有効に実施するためには,あらかじめ就業規則において懲戒の種類及び事由を定め,入社時に「就業規則に従います」という旨の誓約書の提出を求めて合意を得ておくことがよいでしょう。しかし,入社時に誓約

書をとらなかった,就業規則が周知されていたと認められなかった場合でも,懲戒規定の合理性が認められれば,使用者の懲戒権は効力を持ちますので,そのためにも合理的な懲戒規定を定め,それを周知させておくことが重要なポイントとなります。

医療機器の購入担当者が，バックマージンを受け取ってメーカーを選定した

　甲病院では，医療機器の購入先は，相見積りにより選定している。選定権は，事務局長Aにあり，事務局長Aは，メーカー乙社からのバックマージンを個人的に受けることを条件にメーカー乙社からの購入を決定した。事務局長Aは，この方法で10年間のうちに総額200万円のバックマージンを受け取っていた。

　当該事実は，甲病院の税務調査によって判明した。

 不正を事前に防止する

　バックマージンは商慣習として認められているものですが，これを会社に報告・許可を得ずに受領することは許されることではありません。上記事例のように，当事者同士のみでバックマージンの授受を決定したりする場合はその発見が非常に難しく，ほとんどの場合は，退職時や内部告発によって明るみになるものです。そのため，事前防止策として以下のようなものが考えられます。

❶　契約書面を取り交わす

　バックマージンを受け取るような取引先がある場合には，バックマージンに関する事項を取り決めた書面を取り交わし，社内に周知することによって不正を防止します。

❷　担当者を一人にせず，業務のローテーションを行う

　特に中小の企業などでは難しいことではありますが，一定の業務を一人の社員の支配下に置かないような仕組みを作ることが重要です。また，定期的に業務のローテーションを行い，長期間同じ業務に従事させることのないようにし

ます。

3 接待の許可・報告制

バックマージンの不正については，取引先担当者と親密になって行われる場合が多いのが現状です。したがって，会社の許可なしに飲食やゴルフなど行ってはならないなどの規則を盛り込むのも必要です。

 不正が起きた場合の事後処理

バックマージン等により詐取された金額を明確にすることは非常に困難ですが，事例のような税務調査での発覚の場合には，内部告発等よりもその金額の確定は容易であるようです。事例において，Aが詐取した金額は，甲病院が乙社から購入した医療機器代金に含まれており，次のような仕訳がなされています。

　　（有形固定資産）　　2,000,000(注)　　（現　金　預　金）　　2,000,000

本来，Aが詐取した200万円は有形固定資産の取得価額を構成しませんので，Aに対する未収入金とする会計処理を行います。

　　（未　収　入　金）　　2,000,000　　（有形固定資産）　　2,000,000(注)

Aとの示談による返金が不能の場合には，従業員の不正に関する会計処理で損害賠償請求収入と横領損失を同時に計上することとなります。

　　（未　収　入　金）　　2,000,000　　（損害賠償金収入）　　2,000,000
　　（横　領　損　失）　　2,000,000　　（未　収　入　金）　　2,000,000

（注）消費税は税込経理を前提としています。

 労務上の留意点

  「給与の自主的返上」

Case 55 棚卸資産の薬品を従業員が勝手に持ち帰って使用した

医療法人甲医院の事務スタッフＡは，棚卸資産である薬品を理事長に報告をしないで，頻繁に持ち帰り，個人的に使用していた。医療法人甲医院は，年１回決算時に実地棚卸しをしており，日々又は月ごとの在庫管理はしていない。たまたま，看護師が気がつき，無断使用の事実が発覚した。

 ## 不正を事前に防止する

❶「個人使用承諾書」の提出を習慣化する

　薬品の場合一つ一つの単価が低く，物も小さいので，スタッフにとっても罪の意識が乏しいということが原因の一つにあります。

　日頃から，薬品が商品であるという認識をスタッフに持たせ，個人で使用する場合には，「個人使用承諾書」等を理事長に提出する，ということを習慣づけ，無断使用は認めない，という風土作りが何よりも重要になります。

❷　在庫の管理

　毎月の棚卸し又は，在庫管理ソフトによる売上をベースにした推定在庫による管理が理想的ですが，診療所では人手・コストの面からなかなか難しいのも現状です。

　現実的には，特に単価が高い薬，風邪薬等の手ごろな薬，あるいは，取扱いが難しい薬など管理をする薬を限定して在庫を管理するのも一つの方法です。

　また，在庫を常に管理しているという経営者の姿勢を見せることも防止につながります。

Chapter 1　医療機関

　不正が起きた場合の事後処理

　参考に，無断ではなく通常の管理の中で個人使用があった場合と無断で使用した場合についての処理を比較してみます。

1　通常の場合の処理（「個人使用承諾書」等に基づき個人で使用）

原価　10万円（年間）

（給 与 手 当）(注1)	100,000	（薬 品 仕 入）	100,000 (注2)

2　無断で使用した場合

〈原則〉

（横 領 損 失）	100,000	（薬 品 仕 入）	100,000 (注2)
（未 収 入 金）	100,000	（損害賠償金収入）	100,000

〈返金を要求しない場合〉

（給 与 手 当）	100,000	（薬 品 仕 入）	100,000 (注2)

　また，「薬品仕入」の代わりに「他勘定振替」を使用すると原価がより明確になります。

　（注1）統一の基準で行われている場合等は，「福利厚生費」も可能です。
　（注2）消費税は税込経理を前提としています。

　労務上の留意点

 　「懲戒規定のポイント」

Case 56 患者からもらった謝礼の金品を報告しないで個人で受領した

医療法人甲病院の看護師Aは，患者が退院する際にお礼として5万円の現金を受け取った。医療法人甲病院では，患者からもらった金品は，理事長に報告し医療法人の収入に計上し，功労が認められたスタッフについては，給与に上乗せして本人に支給することになっているが，看護師Aは理事長に報告しないで，現金5万円を個人的に受領した。

 不正を事前に防止する

1 院内に貼り紙等で明記して，患者に周知する

病院では，患者からの感謝の気持ち，あるいは，入院中にお世話になりますという意味合いで，医師・看護師が患者から直接金品を受領するケースが多く見られます。

病院側としても，特別な金品の受領の有無で診療や看護に差がつくことも考えられるので，あらかじめ「金品の受領は，謹んでお断りいたします」等の貼り紙を院内にして，患者に周知することも一つの方法です。

2 報告を義務化する

患者から金品をもらった場合は，必ず理事長に報告することを義務化し，一度病院の収入に計上することを原則とします。実際には，密室で受領することも多く，報告をしなければ把握のしようがないということもありますので，日頃から病院の考え方をスタッフに説明し，報告をすることを習慣にすることが大切です。

その上で，特に功労が認められたスタッフについては，改めて給与に上乗せにして，本人に支給することによって，気持ちよく患者に均一なサービスを提

供できる仕組みを作ると病院の活性化にもつながります。

 ### 不正が起きた場合の事後処理

患者から従業員が直接金品を受領していることが判明したら，金額を確認し，一度法人の収入に計上します。その際，本人から返金してもらう場合には，未収金に計上し，返金不要で本人に対する給与とする場合には，給与手当の勘定に振り替えて，給与課税も行います。

〈本人から法人に返金してもらう場合〉

（未 収 入 金）　　50,000　　　　（雑　　収　　入）　　50,000

〈本人へそのまま渡すこととした場合〉

（給 与 手 当）　　50,000　　　　（雑　　収　　入）　　50,000

 ### 労務上の留意点—就業規則の活用

このようなケースを未然に防ぐポイントの一つに，就業規則の中の「服務規律」を周知徹底するということがあります。服務規律に「金券等の不正な取扱い等を禁止する」旨の定めをし，同じく就業規則の中の「懲戒規定」の懲戒処分とリンクさせておきます。そして，入社時の教育（あるいは説明）で，「金券等を不正に取り扱うと，懲戒処分されることもある」ことを周知させておきます。日ごろからの注意喚起を徹底しておきましょう。

Case 57 学会の参加証に基づき経費精算をしたが，実際には参加していない

医療法人甲病院の勤務ドクターAは，学会の参加証に基づき参加料2万円と出張旅費5万円の経費精算を行った。しかしAは，実際に学会には参加しておらず，学会に参加した別の病院のドクターに代筆してもらった参加証を提出していた。

不正を事前に防止する

1　レポートの提出を義務化する

　勤務の一環として学会に参加し，法人の経費を使用する以上，何らかの形で病院にメリットがあることが前提にあります。また，その勤務ドクターにとっても知識や技術の向上の機会を与えられ，今後の評価にもつながるものでもあります。それにもかかわらず，実際は参加しないで経費の精算のみ行うということは，法人がせっかく与えている環境をお互い活かしきれてないことになりますし，法人にとっては，代診のドクターのアルバイト代も含めて意味のない経費の支払となってしまいます。

　勤務の一環で参加し，法人の経費を使用する場合には，レポートの提出と引換えに経費の精算をするということが望ましいでしょう。

2　経費の精算は，必ず領収書等の添付をしてもらう

　当然のことではありますが，経費の精算は，精算書とともに領収書を添付してもらいます。日当を除き，領収書がないものは，原則として精算対象外とすることが必要です。

不正が起きた場合の事後処理

　学会参加料2万円と出張経費5万円について，本人から返却してもらう場合には，「未収入金」として処理し，返却をしてもらわない場合には，本人に対する「給与」として処理します。

　金額が多額になる場合には，「横領損失」として処理することも考えられますが，今回のケースでは，「未収入金」又は「給与」として処理すればよいでしょう。

労務上の留意点

「従業員の横領問題」

Chapter 2 公益法人　Public Service Corporation

Case 58　委員会の出席の事実がないのに，交通費を受領した

　公益法人甲では，各委員会により業務の運営を行っている。各委員は，本業が別にあり公益法人甲に常時勤務をしていない。委員会開催については委員長Aに任せており，委員会に出席した者には，交通費を支給し受領の事実を証明するために受領書にサインをしてもらっていた。ところが，出席していない委員の分も他の委員が代筆して交通費を受領していたことが発覚した。

不正を事前に防止する

❶　事務局のスタッフを必ず同席させる

　今回のケースは，委員長と構成員である委員とが結託して行われています。公益法人では，委員会の交通費を現金で支給することが多く，1回の委員会で何人分もの交通費を用意する必要があり，委員会の種類も多いことからあらかじめ事務局で現金を用意して，委員長に一任していることが多く見られます。

　1回の金額も少額であるため，欠席した委員の分を事務局に返金する手間を惜しんで委員会内で処理してしまうこともあるようです。

　公益法人は，会員，その他から集めたお金を公益目的のために使用することが目的となっているため，少額でも金銭の流れは明確にしておく必要があります。

委員会開催の際には，事務局のスタッフを同席させ，受領書のサインを徹底させるのがよいでしょう。

❷ 委員会の議事録を作成する

委員会が行われた場合には，議事録を作成し，出席者と欠席者を明確にして，できれば，各委員に署名をしてもらいます。

署名をした議事録が残れば，後で不正の事実が発覚した場合には全員の責任となるため，けん制につながります。

不正が起きた場合の事後処理

欠席した分の交通費について，本人から返却してもらう場合には，「未収入金」として処理し，返却をしてもらわない場合には，本人に対する「給与」として処理します。

金額が多額になる場合には，「横領損失」として処理することも考えられますが，数回分の交通費程度であれば，「未収入金」又は「給与」として処理することでよいでしょう。

労務上の留意点―懲戒処分の濫用

現金や金券等の管理方法や手順が決まっているにもかかわらず，実態はそのルールが徹底されておらず守られていなかった場合は，その現金や金券に対し不正が明らかになったときでも，その従業員に重い処分を科すことは，合理性を欠くと判断されることがあります。日ごろから，現金や金券の取扱基準を定め，それに則って業務をするように徹底することが必要です。

非常勤の委員が，公益法人の出張に合わせて本業の出張も行い，交通費を受領した

公益法人甲の非常勤委員Aは，公益法人の出張に合わせて，自分で経営している会社の出張を行うようにして，実質的に公益法人甲の旅費で本業の出張を行い個人の会社の経費の節約をしていた。

 不正を事前に防止する

1 精算書と領収書原本の提出を義務化する

今回の事例は，公益法人は，非常勤の委員によって活動が行われているという特殊な実態から発生したものになります。各委員も本業が忙しい中で，ボランティア的な立場で公益法人の活動をしていることも多く，今回の事例のように本業の出張と併せて公益法人の活動も行えば効率もよく，結果として経費が片方で済んでしまうということは実態としてあると思います。無報酬で公益法人の活動をしている非常勤委員にとっては，公益法人の活動のための出張の実体があるのであれば，旅費の精算を行っても問題はないと思われます。

ただし，その状況が常態化し頻繁に行われるようであれば，出張の必要性や委員の妥当性の判断等も必要になってきます。

経費の精算については，精算書と領収書原本の提出を義務化し，コピーでの提出等は認めないようにします。

2 出張経費も具体的に予算化する

公益法人は，予算会計を行っているため，常に予算と実績の比較を行っています。ただし，管理費については，科目ごとに大まかに予算を作成していることも見受けられるので，出張経費についても具体的な積上げの数字をもって予算を作成することにより，不必要な出張費を減らし，透明性を高めることがで

きます。

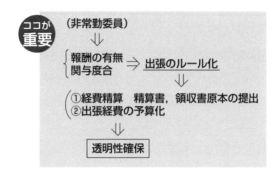

 不正が起きた場合の事後処理

今回のケースは，明確な不正とは断定できない部分があります。

出張に関して，実体があるのであれば，妥当な金額での経費の精算については，問題がないと思われます。

領収書がコピーでの提出で行われていたり，出張の実体がないことが発覚した場合には，事実関係を確認して，出張経費の返金を求めることになります。

 労務上の留意点

  「従業員の横領問題」

Case 60 法人税が非課税となっている「収益事業以外の事業」で,担当者が経費の水増し請求を行った

公益法人甲は,非営利型の一般社団法人であり,収益事業以外の事業については,法人税が課税されないこととなっている。この仕組みを理解した上で,事業担当委員Aは,収益事業以外の事業の経費として,出張費や飲食代を水増し請求して精算金を受け取った。

 不正を事前に防止する

1 公益法人全体の監査を徹底させる

非営利型の一般社団法人は,法人税法上,協会全体の会計のうち収益事業のみ課税されることになっています(法法4①,7)。

そのため,税務調査が行われた場合にも,収益事業を中心に調査が行われるため,収益事業以外の事業についての不正は,見つかりにくい状況にあります。

年1回以上の監査の際には,収益事業以外の事業にも目を光らせ,適正な支出が行われているか監査を徹底させる必要があります。

(参考)公益法人の課税制度概要

公益認定法上の区別	法人税法（課税上）	公益社団・財団法人	一般社団・財団法人（非営利型法人）(事例)	一般社団・財団法人
公益目的事業	非収益事業	非課税	非課税（費用は損金不算入）	課税
	収益事業（34事業）		課税（みなし寄附金なし）	
収益事業	収益事業（34事業）	課税（みなし寄附金あり）	課税（みなし寄附金あり）	課税
	その他の収益事業	非課税	非課税	

2 領収書原本の提出，財務委員の確認の徹底

出張費や飲食代の水増し請求は，領収書がきちんとしている場合，発覚しにくいことが現状です。経費の精算の際には，必ず原本の提出を求め，出張や会議の行われた日時・場所等を加味して，適正な経費であるか，短い周期での財務委員等による確認を行うことが防止につながるでしょう。

  不正が起きた場合の事後処理

経費の水増し請求は，行為としては悪質であり，発覚した時点で本人に返金を求めるべきものであります。本人に請求をした時点で，「未収入金」として処理します。その後，返金がなかった場合には，状況に応じて「横領損失」「貸倒損失」として処理をします。

  労務上の留意点

  「従業員の横領問題」

会報の発行業者に水増しの請求をさせ，担当者が差額を受け取った

　公益社団法人甲では，毎月発行している会報の制作一式を乙社に委託していたが，このたび丙社に変更した。丙社への変更は，甲法人の担当者Aが窓口となり交渉し選定した。

　毎月の制作費用は，乙社が250万円だったのに対し，丙社は200万円ということで変更したが，実際にはAが，丙社より30万円のバックマージンを受け取っていた。

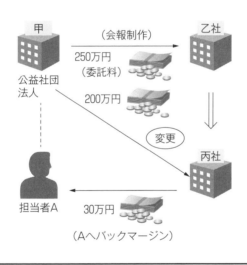

 不正を事前に防止する

1　見積りを複数社から取り，理事会等で決定する

　公益法人の会報の制作は，一度受注すれば継続して定期的に仕事が来ることになるため，制作会社の営業も熱心に行われているケースが多いようです。そのため，制作会社と法人の担当者で結託して，仕事を受注するということもあ

るようです。制作会社から「契約の際には，○○氏にお礼をさせていただきます」ということを持ちかけられれば，担当者としてもつい乗ってしまうということもあるかもしれません。

　金額が大きい契約については，担当者一人に任せず，複数社の見積りを取り，理事会等で決定するという仕組み作りが大切です。その際，金額の基準を設けておくのも一つの方法です。

❷　誓約書を提出させる

　業者との直接交渉を行う事務局長，経理課長等の役職担当からは，あらかじめ金銭関係の誓約書を提出してもらうようにします。その中で業者からのバックマージン等の項目を入れて，責任ある立場の自覚をしてもらうとよいでしょう。

❸　法人で受け取るよう周知する

　業者から上記のような「お礼」の話を持ちかけられたら法人で受け取る旨を，常日頃から事務局員に周知しておきます。そうすることで，事務局員も迷わず，法人で受け取ることが当たり前と考えるようになります。

> ①複数入札‥▶理事会等で決定
> ②誓約書を取り交わす
> ③金銭は，すべて法人受取りを関係者へ周知

❗ 不正が起きた場合の事後処理

　今回の不正のケースは，法人での優位な立場を利用して行われたものであり，担当者がバックマージンをもらうことで，法人が契約をするにあたり，平等の条件での選定が行われない可能性や法人に不利な契約になる可能性も考えられます。

契約のお礼として紹介料や値引きをしてもらう場合には，法人で受け取り，雑収入に計上するか，契約金額からの値引きとして処理をするようにします。

POINT 労務上の留意点―懲戒解雇のリスク回避

不正行為を行った従業員に対しての懲戒処分の中でも，「懲戒解雇」は最も重い処分となります。懲戒解雇になると，企業の多くが退職金の不支給等を定めており，従業員にとっても不利益性が非常に高いものになります。ですので，懲戒解雇は企業にとってもリスクが高い（懲戒解雇が不当という理由で訴訟を起こされる可能性がある等）ということを認識し，慎重に行わなければなりません。会社側のリスクを回避する対応として，懲戒解雇事由に該当しても，従業員から退職届を受け取ることで，退職することには同意しているという書面を残しておく（自主退職を促す等），又は普通解雇とするという方法もありますので，場合によってはそのような対応も検討する必要があります。

Chapter 2 公益法人

Case 62 協会が発行した書籍を担当者が私的に持ち出し，見本品として処理した

公益法人甲は，協会監修の書籍を制作し販売している。書籍はAが専任の担当となり，「書籍管理表」により入出庫の状況と入金，在庫管理を行っていた。ところが，監査により見本品が多いことが指摘され，配布先を確認したところ，Aの個人的な知人に30冊以上配布され，見本品としていることが判明した。

 不正を事前に防止する

❶ 見本品として処理をする場合には，相手先・理由を明記する

公益法人では，公益業務に関連して書籍の制作を行っていることも多くあります。書籍の制作・販売については，法人税法上「収益事業」に該当することから，「書籍管理表」等により入出庫の状況等をしっかり管理している法人が多いようです。ところが，公益法人には，理事や委員などいろいろな立場の関係者も多く，書籍の見本配布は日常的に行われています。実地棚卸しのみ行っていると，この見本品として配布された部分が合わなくなってしまうため，「書籍管理表」等による管理が必要になります。

その際，見本品として配布した出庫を記入するにあたっては，相手先や理由まで必ず明記するようにします。見本品として頻繁に出庫が行われるため，私的な配布に気がつきにくい部分もありますので，相手先・理由等が判断基準になってきます。

❷ 出庫伝票とともに事務局長等の承認を得るようにする

見本品として出庫をする場合には，上記❶の相手先・理由等も記入した出庫伝票等で，事務局長等の承認を得て出庫するようにします。

3 監査の時には、見本品として配布した場合の理由等も確認する

書籍も協会の財産であるため、見本品として配布したものについては、配布した先や理由を、監査の時にでも、きちんと公平な目で確認してもらうようにしましょう。

不正が起きた場合の事後処理

通常「見本品」として処理する場合には、

| （広告宣伝費）
又は（○○事業費） | ××× | （他勘定振替） | ××× |

として処理します。

今回のように事業関係者以外に配布された場合には、厳密に言うと「寄附金」等で処理することになります。

労務上の留意点

 「懲戒規定のポイント」

Case 63 特定の活動を一任された委員が，私用の経費も活動費として精算した

公益法人甲は，会報発行に関する取材を広報委員であるAに依頼した。Aは，取材にかかった費用を精算書に記入し，領収書とともに甲に提出し経費の精算を行った。後日，中身を精査したところ，Aが個人的に使用した飲食，消耗品があることが判明した。

不正を事前に防止する

❶ あらかじめ予算を担当者に伝える

公益法人は，各委員に特定の活動を任せることも多く，経費の使用方法があいまいになることも多く見受けられます。

活動費として精算を行う場合には，あらかじめ想定される経費の積上げに基づく予算を担当者に伝え，その範囲で活動を行うように依頼をします。

❷ 飲食や消耗品等の領収書は，具体的な内容を精算書に記入してもらう

精算書と領収書等の提出があった場合には，財務委員等によりその中身を精査します。飲食については，目的と接待先を明確に記入してもらい，消耗品については，物品の明記と使用目的を明記してもらいます。そして，今後も使用できる備品であれば，協会で備品を保存しておくようにします。

また，記入がない場合には，「精算はしない」ということを明確にしておくとよいでしょう。

❸ 事前伺いの徹底

部署や立場によって仕組みは検討しなければいけませんが，飲食や交際費等

の支出については事前伺いを徹底すべきです。また，特に接待の場合，店の特定や支払はすべて法人が行うなど極力，現金支払を行わせないなどの仕組みを検討すべきでしょう。

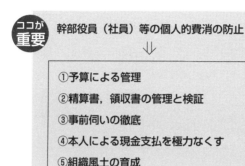

幹部役員（社員）等の個人的費消の防止
⇩
① 予算による管理
② 精算書，領収書の管理と検証
③ 事前伺いの徹底
④ 本人による現金支払を極力なくす
⑤ 組織風土の育成

 不正が起きた場合の事後処理

私的に使用したものに関しては，判明した時点で本人に請求し，「未収入金」として処理し，返金をしてもらいます。

 労務上の留意点

 「懲戒規定のポイント」

Chapter 2　公益法人

Case 64　現金管理が行き届いていない法人で，従業員が現金を着服した

　公益法人甲は，常勤の事務員がおらず，非常勤の事務員Ａが出勤時に現金の出納をまとめて行っている。現金出納帳はつけておらず，現金残高は3カ月に1回程度確認している。経理は，半年に1回，領収書と入出金伝票をもとに行っていて，現金残高と合わない分は，すべて「現金過不足」として処理されていた。現金過不足が頻繁で，金額も多いことから，役員が抜き打ちで確認したところ，Ａによる横領が発覚した。

 不正を事前に防止する

１　現金出納帳と現金の実際の残高は必ず確認する

　公益法人によっては，常勤の事務員がおらず，日頃から現金を合わせる習慣がないという法人もあるようです。現金の管理については，経理の基本でもあるため，最低でも現金出納帳をつけて，こまめに現金を数えて現金出納帳との一致を確認すべきです。入出金伝票だけで処理をしていると推移がわかりにくいこともあり，不正がしやすくなる状況を作ってしまいます。

２　現金過不足の原因をできるだけ追究する

　しっかり現金出納帳をつけていても，現金過不足は発生してしまうものです。ただし，頻繁に多額の過不足が生じることは考えにくいため，現金過不足が発生した場合には，前後の流れや委員会の開催状況等を追って，できるだけ原因を追究するようにします。

３　簿外の現金を置いておかない

　公益法人でよく見受けられるのが，経理で処理をするのを後回しにして，封

筒に現金を入れて金庫に保管しておく，ということがあります。そのほうが現場の経理担当者が処理しやすい，ということもあるようですが，簿外の現金は不正につながりやすいので，現金出納帳で必ず管理するようにします。

4 監査の際には，必ず現金監査をしてもらう

公益法人では，会計監査が1年に1回以上あることが一般的です。その中で，現金の監査については，ほとんどの法人で行われていると思いますが，実際の現金の有高だけではなく，現金の動きや過不足の状況も監査してもらうようにして，内部の担当者へのけん制をするようにします。

不正が起きた場合の事後処理

現金の横領が発生した場合には，下記のように処理をします。

（横　領　損　失）　　×××　　　　（現　　　　　金）　　×××
（未　収　入　金）　　×××　　　　（損害賠償金収入）　　×××

その後，本人が継続して勤務している場合には，給与から天引きする方法で未収金を回収してもかまいません。退職してしまった場合には，状況により「給与手当」又は「貸倒損失」として処理をします。

労務上の留意点──懲戒解雇と退職金

「懲戒解雇処分を受けた場合は退職金を支給しない」と就業規則に定めている会社は多いと思いますが，実際に訴訟を起こされた場合，最近の裁判例の多くは，退職金は賃金の後払的な性格も有しているとの判断から，減額，没収が有効に適用できるのは，労働者の「それまでの勤続の功を抹消又は減殺するほど著しい背信行為」があった場合に限るとされ，就業規則に定めていても退職金不支給あるいは返還請求は無効となるケースもあります。懲戒解雇処分を決定する際には，その点も検討する必要があります。

Ⅲ

参考
不正を起こりにくく
する帳簿

不正を抑制するには，不正行為を行えば必ず発覚するという認識を植えつけることがもっとも効果的です。形式上帳簿組織を整えただけでは「仏を彫って魂入れず」になってしまいます。しかし，最低限の形式は必要です。

　不正が起こりにくい帳簿にするためには，帳簿の作成者以外の者がチェックポイントを照合しやすいシンプルさが肝要です。チェックポイントが手間をかけずにわかり，そのチェックも適時に行われる必要があります。帳簿の保管場所は所定のルールづけをし，作成者の上席者がいつでも参照可能にしておく必要もあります。

　ここでは，会計帳簿のうち，総勘定元帳以外で，代表的な補助帳簿である「現金出納帳」「得意先元帳」「仕入先元帳」「固定資産台帳」をとりあげ，不正を起こりにくくする帳簿形式について触れていきます。

1　現金出納帳

　会計科目である現金は，横領や着服の不正行為が一番発生しやすい科目です。典型的な現金出納帳は (様式1) の形式で出納年月日，内容などを記載する摘要，収入金額，支出金額，差引金額欄等から構成されています。

(様式1)

年月日		摘　要	収入金額	支払金額	差引金額
月	日				

現金出納帳　　NO

(1) 実際の現金有高と帳簿残高の定期的な照合

　現金出納帳の差引残高については，日々，**(様式2)** のように現金残高日報を作成し，現金の実際の残高と照合する必要があります。この照合により，現金に係る不正行為が発生しにくくなります。

　内部統制上，現金出納帳の記帳者と別の者が，現金残高日報を作成し，帳簿残高と実際の有高を照合することが求められますが，中小企業は，大企業に比べ人員に限りがあるため，現金出納帳作成者と現金残高日報作成者が同じである場合がほとんどです。この場合でも，照合の再確認は別の者が行い，不正行為が生じにくくする必要があります。

　いい意味での緊張感を持つためにも，不定期に帳簿と現物との照合も行うことが望ましいでしょう。

(様式2)

現金残高日報

年　月　日　(　曜日)　時　分　現在

	金種別内訳		
前日残高	金種別内訳	枚数	金額（円）
本日入金　計	1万円	枚	
本日出金　計	5千円	枚	
本日残高	千円	枚	
	5百円	枚	
特記事項	百円	枚	
	50円	枚	
	10円	枚	
	5円	枚	
	1円	枚	
	小切手		
	合計		

(2) 入金，出金の証憑と突合しやすく整理する

　入金は自社発行の領収書の控えなどの証憑，出金は他社発行の領収書の控えなどの証憑に一連の番号を付し，かつ，現金出納帳にもその番号を付し，証拠

書類からトレースしやすくします。証憑も日付順，証憑番号順に整理しておくとその突合もよりスムーズになり，より正確な記帳を行えます。

2 得意先元帳

　営業債権である売掛金の管理補助簿となる得意先元帳を正確に作成することは，企業活動をスムーズに行うためにもとても大事なことです。この帳簿の管理を正確に行わない場合，売掛金を巡る不正行為の温床をつくってしまうことになります。

　得意先元帳は，(**様式3**)の形式で，得意先ごとに，回収条件，締日，日付，品名，数量，単価，売上金額，回収金額，差引金額欄から構成されます。

　販売取引の過程は概ね①受注（又は売買契約の締結）②出荷（商品の引き渡し又は役務の提供）③請求（対価の請求）④回収（対価の回収）の4つの段階をからなり，これらのそれぞれの段階で必要な文書と得意先元帳を有機的に結びつける必要があります。

(様式3)

得意先元帳						NO	
殿					締日	日	
					回収条件		

年月日		品名	数量	単価	売上金額	回収金額	差引残高
月	日						

　新規の販売契約や受注にあたっては，事前にその得意先の信用調査を行い，

取引の限度額を設け回収の確実性を担保します。受注管理は得意先との契約条件を確実に履行するため受注台帳を作成し日付順，得意先別など秩序整然と記録・保管する必要があります。受注内容に照らして，商品の出荷指図書作成し，この文書をもとに出荷を行います。出荷指図書は，出荷の重複や漏れを防ぐために，受注との関連を明確にする意味で受注管理番号（例えば，S-XXX）を連番にて行います。

　これらの出荷データに基づいて得意先元帳の品名，数量，単価，売上金額が計上されることとなります。単価はマスター等で管理され，書き換え等がなされないように設定される必要があります。また，出荷品名及び出荷数量についても，入力された出荷データ等が書き換えられないような設定が必要となります。

　これら出荷データが得意先との取引条件に従い（例えば，月1回，月末締めで請求であれば，1か月の出荷データをもとに），集計され，請求発行手続となります。請求書発行をし，入金後，当該入金データが得意先元帳の回収金額欄に反映され，得意先への債権残高としての差引金額欄が記載されます。入金データについては，振込みであれば請求金額と振込金額とを照合し，過不足のないことを確認します。現金回収であれば，領収書の控えと現金とを担当者から入手し，記載することとなります。

　これら得意先元帳データをもとに，(**様式4**) のような年齢表を作成し，取引条件からみて異常な債権残高がないかを調べます。この手続は，会社の資産管理の面から，不良債権の発生による損害額を最少にする役割もありますが，営業担当者の売上債権に関する不正行為（回収金額の横領）等をけん制する役割もあります。取引条件から外れて滞留があるもののほとんどは，得意先の都合によるものです。しかし場合によっては，営業担当者の回収金額の横領により，債権金額が膨らんでいる可能性もあるからです。

　特定の営業担当者で債権金額が条件から外れている件数が多い場合には，他の営業担当者が一緒にそれらの得意先に出向くということも必要でしょう。

(様式4)

年齢表

(単位;円)

得意先コード	得意先名	売掛金残高	発生月						
			当月	1月前	2月前	3月前	4月前	5月前	6月以前
	計								

3 仕入先元帳

　仕入先元帳は，購買活動に伴い発生する仕入債務（買掛金等）の管理補助簿です。これについても得意先元帳同様，企業活動をスムーズに行うために正確に作成することがとても大事です。仕入先元帳は，**(様式5)** の形式で，仕入先ごとに　支払条件，締日，日付，品名，数量，単価，仕入金額，支払金額，

差引金額欄から構成されます。

　仕入取引の過程は概ね①発注（又は売買契約の締結）②検収・受入（商品又は役務の受入）③仕入の計上④支払（対価の支払い）の４つの段階をからなり，これらのそれぞれの段階で必要な文書と仕入先元帳を有機的に結びつける必要があります。

　例外的な取引や特殊な条件による取引は，不正・誤謬が発生しやすく，すべての取引について事前に所定の責任者の承認を受けることが必要となります。

　ここでの不正リスクとしては，「本来支払う相手先が異なる」「帳簿残高が本来支払額より過大である」「帳簿残高が本来支払う額より過少である」があげられます。

　不正リスクを低減する手続としては，「帳簿残高と支払うべき額とを照合する」「発注品目及び数量と受入品目及び数量とを照合する」「請求金額及び仕入先の確認を行う」といったものがあります。

（様式5）

仕入先元帳						NO	
殿					締日		日
					支払条件		
月	年日	品名	数量	単価	仕入金額	支払金額	差引残高

4　固定資産台帳

　固定資産は，長期間にわたって使用に供される資産であり，会計処理は長期的・累積的に行われることから，誤謬や不正が生じた場合にはその影響も長期的・累積的なものとなります。また，その金額は一般に高額のものであり，購入手続に不正行為が発生した場合には，損害も多額となる可能性があります。さらに時の経過とともに帳簿残高と実態とが乖離する危険性が生じ，実状に応じて実地棚卸や現場視察を行い必要な修正を行う必要もあります。

　有形固定資産は，現物と帳簿記録の整合性を保持するために，物件ごとに資産番号を付し（可能な限り現品に番号票を貼付し），定期的に実地棚卸を行って固定資産台帳と照合することが必要となります。また，少額のため取得後直ちに費用として処理されている資産又は貯蔵品として取り扱われている資産についても現物管理をすべきです。

　無形固定資産は，物質的実体がないものであり，実地棚卸，現場視察によりその実在性や利用状況を確かめることが不可能であることが多くあります。契約書等の書類に基づき，実在性を確かめるとともに，資産管理部署に利用状況等を確かめることも必要となります。

　固定資産の管理としては大きく分けて，①取得時の手続，②維持・管理手続，③除却・売却手続の3つからなります。

（1）取得手続

　購入依頼元の発行した書類に基づき，その要否の検討，設備予算額との比較，見積もり合わせ（あるいは入札），購入条件（購入価額，支払条件，納期等）の検討等の一連の手続をそれぞれ所定の責任者の検閲・承認のもとに行ったうえで取得を行います。

　資産購入は検収検査担当者によって検収検査が行われ，その結果が購入依頼部署，発注担当部署，会計担当部署へ検収検査報告書等の書類により遅滞なく報告されます。検収検査にあたっては，品質，性能検査，試運転，その他所要の手続が適切に行われることが重要となります。自家製作した資産については，適切な原価計算に従って適正な製作価額を決定することが重要となります。

(2) 維持・管理手続

　固定資産台帳（**様式**6）を作成し，取得価額，減価償却費その後の異動を継続的に記録する必要があります。

(3) 除却・売却手続

　資産について除却・売却の処分が行われる場合には，すべて，稟議書，除却・売却申請書等の書類に基づき所定の責任者の承認のもとに行う必要があります。現物保管担当者の判断のみで行われてしまうと，その事実が会計記録に反映されない危険性があるからです。除却・売却については，書類によって遅滞なく担当部署から固定資産台帳の記録，会計担当等の関係者へ報告することを制度化する必要があります。

(様式6)

固定資産台帳

資産NO	資産名	数量	償却方法	取得年月日	使用年月日	耐用年数	償却率	期間	取得価額	期首帳簿価額	当期増減額	当期償却額	期末帳簿価額	償却累計額	備考

【著者紹介】

田口　安克（たぐち　やすよし）
公認会計士・税理士
昭和60年茨城大学人文学部卒業，平成5年公認会計士田口会計事務所開設。聖学院大学非常勤講師。税務会計研究学会会員。平成21年税理士法人メディア・エス代表社員就任。
【主要著書・論文】
『図解　会社の税金　しくみと知識がわかった』（共著，日本実業出版社），「Small Article 従業員の不正行為に起因する税務上の論点と税理士の役割に関する一考察」『税研』（2015年3月，日本税務研究センター），「交際費等課税の改正の概要と中小企業・大企業の経理実務への影響」『税経通信』（2014年5月，税務経理協会）等

白土　英成（しらと　ひでなり）
公認会計士・税理士
昭和56年成蹊大学経済学部卒業，税務会計研究学会理事。平成元年公認会計士白土会計事務所開設。税理士登録。平成21年公認会計士田口安克と税理士法人メディア・エス設立。監査・税務業務の他，viewシステムによる診療圏分析に基づく経営計画立案業務を手がける。
【主要著書】『設例・図でみる役員給与の税務』（中央経済社），『やさしくわかる原価計算』（共著，日本実業出版社），その他，専門誌等へ寄稿多数。

田島　雅子（たじま　まさこ）
特定社会保険労務士　社会保険労務士法人タジマ事務所　社員
百貨店の人事教育担当を経て，平成14年，既に社会保険労務士事務所を開業していた田島修と共に千葉県市原市にタジマ社会保険労務士事務所を開設。翌平成15年，千葉県市川市の白土会計事務所（現・税理士法人メディア・エス）内に事務所を移設。平成18年には個人事務所から法人に組織変更。

【協力者（敬称略）】
社会保険労務士　田島　　修
社会保険労務士　前川　由香
税理士法人メディア・エス
　税理士　田中　康雄
　税理士　廿野　幸一
　コンサルタント　小林　大輔／師岡　暁洋／塩見　雄一朗

著者との契約により検印省略	

平成 25 年 1 月 10 日　初　版　発　行	従業員不正の防止と事後対応
平成 27 年 8 月 1 日　改 訂 版 発 行	ケースでわかる横領・着服の経理処理
平成 31 年 1 月 10 日　改訂版第 2 刷発行	〔改訂版〕

		田　口　安　克
著　　者		白　土　英　成
		田　島　雅　子
発 行 者		大　坪　嘉　春
製 版 所		美研プリンティング株式会社
印 刷 所		税経印刷株式会社
製 本 所		牧製本印刷株式会社

発 行 所	東 京 都 新 宿 区 下落合 2 丁目 5 番13号	株式会社	税 務 経 理 協 会

郵便番号　161-0033　振替　00190-2-187408　電話　(03) 3953-3301 (編集部)
　　　　　　　　　　　FAX (03) 3565-3391　　　　　　(03) 3953-3325 (営業部)
　　　　　　URL　http://www.zeikei.co.jp/
　　　　　　乱丁・落丁の場合はお取替えいたします。

　　　Ⓒ　田口安克・白土英成・田島雅子　2015　　Printed in Japan

本書の無断複写は著作権法上での例外を除き禁じられています。複写される場合は，そのつど事前に，(社)出版者著作権管理機構（電話03-3513-6969，FAX03-3513-6979, e-mail : info@jcopy.or.jp）の許諾を得てください。

JCOPY＜(社)出版者著作権管理機構　委託出版物＞

ISBN978-4-419-06263-7　C3034